Let's Challenge!!

伝わる喜びを味わう
子どもが育つ

小学校
英語教育

チーム学校で取り組む
〜他教科等と連動し、
言語活動の工夫を目指して〜

文部科学省
初等中等教育局視学官
直山木綿子

　篠栗町立篠栗小学校に初めて寄せていただいたのは、2018年の秋でした。2019年度より英語教育を研究の軸にし、学級担任が進める英語教育についての研究発表会でした。

　そこで私が目の当たりにしたのは、校長先生の強いリーダーシップと、教頭先生の細やかな気遣い、そして、学級担任の先生方が子供たちと生き生きと外国語活動の授業をされている姿でした。こういうのをまさに、「チーム学校」で取り組むということなのだと実感をした日でした。

　二回目に寄せていただいたのは、その二年後、2020年の秋、やはり研究発表会でした。この年度は、新型コロナ感染症拡大防止のため全校休校で新年度が開始されるという異例な年度でした。本校のこの研究発表会も実施できるかどうかと最後の最後まで、校長先生が悩まれ、英断での実施でした。ご参加いただく方々の人数や地域を絞り、参観者が研究授業を参観する際にも制限を加え、徹底した感染対策をしての実施でしたが、それでも百名以上の方々のご参加がありました。多くの

研究会、研究発表会が中止されるなか、参加者の方々は、新学習指導要領全面実施のこの年度、高学年の外国語科の授業の在り方、中学年外国語活動の授業の在り方にヒントを求められていることが強く伝わってくる研究発表会となりました。

　研究発表会後、校長先生初め、研究主任、授業者等と、校長室で少しお話をさせていただく時間がありました。その際に、今回参加したくても参加できなかった方々、小学校外国語活動や外国語科の指導の具体を学びたい方々、小学校の学びをどう生かしたらよいかヒントを得たい中学校英語科教員の方々に、ぜひ本校の実践を役立てていただきたいと考え、本校の三年間の研究を、一冊の書籍にまとめてはいかがと皆さんに提案をしました。

　校長先生は、乗り気でしたが、やっと研究発表会を終えた研究主任や先生方は、「まだやるの？」とでも言いたげな様子でした。その後、校内で話し合いをされ、せっかくのこの取組を形に残し、全国で悩んでおられる先生方の一助となればと、

「チーム学校」が始動しました。そして、今、そのまとめられたものが、私の目の前にあります。

本校の先生方も初めからすべてうまくいったわけではない。外国語教育の指導に積極的な先生もいらっしゃれば、そうでない方もいらっしゃる。英語が苦手という方もいらっしゃる中、全員を巻き込んで「チーム学校」で外国語教育に取り組んでこられた story がここには記されています。具体的な授業実践、これから多くの学校が作ってそれを基に授業作りがされるであろう Can-Do リスト形式の学習到達目標を一歩先に提示するとともに、その活用の仕方などもこの一冊には詰め込まれています。

ここからは、本校がご実践をまとめられたことを基に、小学校外国語教育に取り組む際に留意いただきたいことを記します。本書とともに、参考にしていただければと思います。

「言語活動を通して」子供に力を付ける

「言語活動を通して」は、新学習指導要領の外国語教育の目標に記されている文言です。小・中・高等学校、外国語活動、外国語科の目標にすべて記されています。では、この言語活動とは何でしょうか。「小学校外国語活動・外国語　研修ガイドブック」（2017 年　文部科学省）には、次のように記されています。

「学習指導要領の外国語活動や外国語科においては，言語活動は，『実際に英語を用いて互いの考えや気持ちを伝え合う』活動を意味する。」

英語は使っていても、自分の考えや気持ちを伝え合っていなければ、それは言語活動とは言い難く、また、自分の考えや気持ちを伝え合っていても、日本語を使っていれば、やはりそれは言語活動とは言い難いということです。また、英語で自分の考えや気持ちを伝え合う言語活動の中では、情報を整理しながら考えなどを形成するといった「思考力、判断力、表現力等」が活用されると同時に、英語を使っているわけですから、当然英語に関する「知識及び技能」が活用されているわけです。

では、このような「言語活動」を仕組むためには、小学校ではどのようなことが求められるのでしょうか。学習指導要領には、言語活動にかかわって、次のように記されています。

・コミュニケーションを行う目的，場面，状況などを明確に設定
・簡単な語句や基本的な表現を用いながら，友達との関わりを大切にした
・具体的な課題等を設定し，児童が外国語によるコミュニケーションにおける見方・考え方を働かせながら，コミュニケーションの目的や場面，状況などを意識して
・言語活動で扱う題材は，児童の興味・関心に合ったものとし，国語科や音楽科，図画工作科など，他教科等で児童が学習したことを活用したり，学校行事で扱う内容と関連付けたり

そして、「言語活動を通して」とは、このような言語活動が、単元終末のみに設定されるのではなく、単元の第一時間目から設定され、それが一時間の授業の中心となっているということです。また、まずは、子供に英語を使って自分の考えや気持ちなどを伝え合わせて（言語活動）、わからなかったこと、できなかったことを子供と確認し、

それを学級みんなで解決をしたり、練習をしたりして、再度、英語を使って自分の考えや気持ちなどを伝え合わせる活動に取り組ませることです。このように、言語活動に取り組ませながら指導をすることが大切です。

コミュニケーションを行う目的や場面、状況の設定を明確する

　言語活動に欠かせないのが、コミュニケーションを行う目的や場面、状況の設定です。これは、「学習評価」とも大きくかかわります。コミュニケーション（言語活動）を行う目的や場面、状況に応じて、どのようなことを、どのように聞き取ったり話したり、読んだり書いたりすれば、その目的が達成され、場面や状況に適切なのかを子供が思考し、判断し、これだと表現していることが、外国語教育における「思考力、判断力、表現力等」を活用している場面です。よって、言語活動には、このコミュニケーションを行う目的や場面、状況が欠かせないのです。このコミュニケーションを行う目的や場面、状況の設定の際に、「他教科等で子供が学習したこと、活動したこと」を取り入れることは、その設定のポイントの一つです。その設定が難しいと思われている方は、他教科等と外国語活動、外国語科を関連付けることを試みてください。設定のヒントがたくさん見つかります。

　実は、本校の研究は、「他教科等」と外国語活動、外国語科の指導をどう関連するかをポイントに進めてこられています。これは、全教科等を指導されている小学校の先生方だからこそできることです。小学校教員の強みをまさに生かした本校のこの実践が、皆様の実践の一助となることを願っています。

チーム篠栗で共に学んで
〜一人の10歩より10人の一歩〜

別府大学短期大学部
初等教育科准教授
大田亜紀

篠栗小学校の研究のあゆみから

篠栗小学校は、福岡県篠栗町、篠栗四国八十八箇所霊場のあるお遍路の町の公立小学校です。

篠栗小学校は、外国語教育を専門的に研究している教員が多く在籍しているわけではなく、研究開発研究校でもない普通の公立小学校です。ただ校内研究の一つのテーマとして「外国語教育」に主軸をおき、校内研究を続けています。

私が篠栗小学校にお世話になった2017年度は、まさに、次期学習指導要領全面実施への円滑な移行へと動き始めている時期でした。

そこで、地区内の外国語教育の拠点となる学校として貢献できることを目指し、篠栗町と糟屋区の研究指定をいただき、校内研究を通して、日々の実践研究を進めてきています。これは教員にとって新たな取組へ向けたチャレンジの始まりの時でもありました。

篠栗小学校では、2018年度、2020年度に、二度の研究発表会を実施しています。これまでの外国語活動の指導を通して得た経験を生かし、試行錯誤しながらの実践に取り組んだ研究の成果と課題を広く公開しました。その間職員の異動もありましたが、研究主任を中核とした研修組織と運営により、全職員が児童の目指す姿を共有し、同じ目標に向かって研究が進められてきています。これらの研究発表会では、研究紀要と同時に、発表会指導案集と実践事例集の配付もしています。研究発表会の公開授業をただの点ではなく、長い指導過程上にある点として理解していただけるよう、そのプロセスも含めて提示し、参会される先生方に対してお土産のある発表会にしたいという願いの実現形でした。

篠栗小学校の授業のイメージは「愛情と栄養いっぱいの毎日ごはん」

英語ルームの横を通り過ぎながら、子どもたちと教員の授業風景をよく参観していました。子どもたちと教員とのやり取りからは、私にはわから

ない、学級ならではの内容がありました。その様子から自己表現し合うことを楽しんでいることがすぐにわかります。学級担任が創り、授業をしているからこその良さです。学級経営は、全ての基盤ですが、他教科等でも培われている学級の学び合う集団としての良さがまさに生きています。

篠栗小学校の外国語の授業は、豪華フルコースディナーではなく、かといってカップ麺でもなく、毎日美味しく味わうことのできる手作り健康料理を目指しています。一人一人の子どもたちの好みも苦手もよく知っている学級担任が、子どもたちが喜ぶ美味しい食材を常に探しています。そしてより美味しい料理法を研究しています。それは、決して豪華食材を購入して、作り並べるのでなく、またチンしてただ与えるものでもないのです。少し地味なメニューになったとしても、ちょっとエッセンスが込められた愛情ある毎日ご飯です。だからこそ毎日、子どもたちが楽しみながら食べ続けることができます。もちろん、時には奮発して特別メニューもあります。それはまた子どもたちにとっても、先生にとっても美味しい素敵なメニューです。

本書籍では、2020年度の研究発表会の事例を中心にしながら、詳しく実践の過程を示しています。学級の実態に合わせて、教科書の内容及び構成をどうアレンジするとよいか、同学年で授業案を練り合いながら創られたものです。外国語教育で大切な「言語活動」を十分に共通理解し合い、特に、本発表会では学年における年間行事や他教科等の学習と関連づけた単元構成の工夫をしています。大掛かりな授業準備や人材の確保を要せず、日々の授業で活用できるアイデアとして、参考になる事例であると言えます。

また、「前時までにどう指導したのか？」「実際の児童の発言内容は？」「評価の具体的な方法は？」など、部分だけの提示では分かりづらい点を誌面の許す限り、単元全体とそのプロセスが見えるように掲載しています。また、授業づくりを通して感じた課題や悩みの声も併せて掲載されており、読者のみなさんと共有できる内容ではないかと思います。

全員で学び、高め合い続けること

教科外国語科の導入により、評定を伴う評価が必要となりました。これは、どの小学校教員にとっても大きな出来事であったと思います。篠栗小学校では、先行実施をしていた移行期に、外国語科の授業において達成された姿をどう見取り、どう評価するのかを校内研修で試みました。高学年の教員だけが評価を試みるのではなく、全職員が「自分だったらどう評価するだろうか」という課題意識をもち、授業を参観しながら児童の姿を見取ります。その後、評価結果と判断した根拠を児童の姿で説明し、協議し合うのです。

このように全員が当事者意識をもって適切な指導と評価の在り方を追究していく中で、外国語科が目指す姿の理解を深めています。特に、評価に関しては、学級担任が日常的に実施可能であることはキーポイントです。複雑で時間を要する評価方法は、評価そのものに追われ、何のための評価なのかを見失いがちです。いつ、どのように、そしてどんな姿を見取り、学習改善や指導改善につないだのか、まずやってみるという挑戦の足跡が本事例の中に示されています。

教員は皆、指導を積み重ねていきながらも悩みは尽きず、「これだ！」と言える満足な解を得る難しさを感じています。しかし、例え課題が多くとも、やってみたことで見えてくるものが得られたことは大きな一歩であることに間違いありませ

ん。篠栗小学校で大事にしていること、それは、learning by doing. まずはやってみることから始めよう、歩みながら気づき、学んでいこう、この姿勢をとても素敵なことだといつも感じています。

子どもたちの成長が先生の成長へ

　ある日、急にＪＴＥが来校できなくなる連絡が学校に入りました。そのことを学級担任に伝えたときの返答は、「大丈夫です（笑顔）。問題ないです！」でした。ALT、JTE に依存するのではなく、どの先生も単独でも指導ができること、指導不安を感じていないことを頼もしく感じます。これは、授業づくりの主体が学級担任にあるからであろうと思います。児童理解の深い学級担任、そして学年集団で創り上げているからこそでしょう。また外国語の授業で使う教材の共有及び保管、環境構成そして指導案等のデータ共有等も大きな役割を担っています。

　私は、外国語の指導技術、自分の英語力に「自信がある」とまで言えなくても良いのではないかとも思っています。ただ、指導力量向上への意欲は持ち続け、実行すべきではあると思います。篠栗小学校の教員が、日々の授業を通して、子どもの姿から手応えを感じ、そしてそれがさらに教員一人一人の「指導できる」という意識へとつながっているのだろうと思います。

おわりに

　想定し得なかったコロナウイルス感染症拡大による様々な規制が続く中、多くの小学校は全面実施の年を乗り越えてきました。今を過ごせているのは、小学校教員の惜しみない努力と知恵の結晶

以外にないと思っています。これからの未来もまた不透明です。その中で小学校外国語教育は、子どもたちにとって豊かな未来につながる外国語教育でなければならないし、同時に小学校教員なら誰でも指導できる外国語教育でなければならないと思っています。

　篠栗小学校での挑戦は、まだまだ今後も続いていきます。「一人の 10 歩より 10 人の一歩」、全職員で協働し、その一歩を確かにふみしめて今後も進んでいくことと思います。また全国の多くの小学校では、まさに今、挑戦の連続であろうと思います。本書籍にある実践は、現時点での一過程の事例に過ぎません。篠栗小学校の事例から、読者の皆様にとってお土産をお届けすることができればこの上ない喜びです。共に学び高め合う仲間として、私自身も今後も小学校外国語教育の充実に向け、あゆみを進めていきたいと思っています。

教えて！大田先生 ココが知りたい！ Q&A

 Q 教科書の内容を全てこなすのがとても大変です。どうしたらよいですか？

 **A** 教科書は大変細やかに丁寧に作成されているため，記載されていること全てを丁寧に行うと時間を大変要してしまいます。教科書を全部こなすことに縛られると，時に急ぎすぎた指導となり，子どもたちにとっては消化不良で十分に理解できないまま進むことにもなりかねません。他教科でも行っているように外国語の授業でも，学校や学級の実態に応じて，教科書をアレンジして活用しましょう。「思い切ってここは削除して，こんな活動を入れよう」とか「この題材に変更して行おう」等，子どもの実態から単元の構成を考えることが大切です。

 Q 校内研究組織づくり（体制づくり）をうまく進めるポイントは何ですか？

 **A** 研究主任を中心とした推進体制が十分機能するような組織づくりが大事です。まず，校内研究運営にどのような専門部が必要かを考えます。そして，必要な専門部にキーパーソンとなる担当者を配置しましょう。学年学級の偏りなく配置され，組織全体が全職員で動くように仕組まれていることが大切です。また，各部での十分な打ち合わせや準備が可能となる時間と場を確保しましょう。そのためには，見通しをもった校内研究ができるよう，どのようなねらいでどのような内容をいつ実施するのかを明示した年間計画が必要です。校内研究は，経験年数に関係なく，授業づくりにおいてどの先生も同じ立場で意見を交わすことのできる貴重な場です。各部からあがった意見を大事にし，全体でシェアする等，常に学校全体で校内研究を進めていることを意識づけていくとよいです。

 Q 英語力に自信がなく，英語での指導にはとても不安です。
教員の英語力向上のコツなどはありますか？

 **A** 英語力が高い先生だけが，英語の授業ができるのではありません。とは言うものの指導に対して不安を抱えていらっしゃる先生は多いです。ALT等の支援がなく，一人で指導しないといけない場合は特に不安です。まず，単元で指導する内容を十分に理解し，使用する言語材料について事前に練習しておくとよいです。また，基本的な教室英語を使える表現からどんどん使っていくことです。授業は，まさに英語を使ったコミュニケーション場面です。授業の中で先生が英語を使っていくことが，先生の英語力向上につながると考えます。難しい表現ではなく，子どもに届くシンプルな英語を，先生自ら声に出すことを続けていきましょう。

第1章

研究構想

伝わる喜びを味わう児童が育つ小学校英語教育の在り方
～言語活動の工夫と評価の在り方を探る～

1. 「伝わる喜びを味わう児童」とは

　私たちが目指す「伝わる喜びを味わう児童」とは，英語を使って相手に自分のことを理解されたり，自分が相手のことを理解したりできたおもしろさを感じ取って，「伝えることができるようになった。」「もっとわかるようになりたい。」という気持ちで次の学習の意欲につなげる児童のことです。

　具体的には，次のような姿を目指します。

- 相手や他者に伝えたい内容や知りたい内容がある児童
- 自分が伝えたいことを言語や非言語を駆使して伝えたり，相手が伝えようとすることや自分がもっと知りたいことを言語や非言語からなんとか理解したりしようとする児童
- 相手や他者に配慮しながら，コミュニケーションを図ろうとする児童
- 自らの学びを振り返り，次の学びにつなげようとする児童

　各学年の具体的目標は次のように設定します。

各学年の具体的目標

		低学年	中学年	高学年
		身近で簡単な英語を知り，目的や場面，状況に応じて英語によるコミュニケーションを楽しむことができる。	自分や相手，社会，世界に関わる事柄について体験的に理解し，目的，場面，状況などに応じて相手に配慮しながら主体的に外国語を聞いたり話したりして，自分の考えや気持ちなどを伝え合うことができる。	自分や他者，社会，世界に関わる事柄について理解を深め，目的，場面，状況などに応じて，他者に配慮しながら主体的に外国語を聞いたり読んだり話したり書いたりして，自分の考えや気持ちなどを伝え合うことができる。
三つの資質・能力からの具体的な姿	知識及び技能	英語の音声や基本的な表現を聞いたり，動作や音まねで言ったりして英語に慣れ親しんでいる。	〈知〉外国語を通して，言語や文化について体験的に理解を深めたり，日本語と外国語との音声やリズムの違いに気づいたりする。〈技〉外国語を通して，外国語の音声や基本的な表現を聞いたり言ったりして慣れ親しんでいる。	〈知〉外国語の音声や文字，語彙，表現，文構造，言語の働きなどについて日本語との違いに気づき，理解する。〈技〉読むこと，書くことに慣れ親しみ，４技能を実際のコミュニケーションにおいて活用できる基礎的な技能を身につける。
	思考力，判断力，表現力等	目的や場面，状況に応じて，自分のことについて，身近にある簡単な英語で聞いたり話したりしている。	目的や場面，状況に応じて，自分の身近で簡単な事柄について，外国語で聞いたり話したりして，自分の考えや気持ちなどを伝え合っている。	目的や場面，状況に応じて身近で簡単な事柄について，外国語で聞いたり話したりするとともに，音声で十分に慣れ親しんだ語句や基本的な表現を推測して読んだり，語順を意識しながら書いたりして自分の考えや気持ちなどを伝え合っている。
	学びに向かう力，人間性等	英語やその背景にある文化に関心をもち，英語を用いて聞いたり話したりしようとしている。	外国語を通して，言語やその背景にある文化に対する理解を深め，コミュニケーションを図る相手に配慮しながら，主体的に外国語を用いて聞いたり話したりして自分の考えや気持ちなどを伝え合おうとしている。	外国語を使ってコミュニケーションを図る人々の背景にある文化に対する理解を深め，相手や他者に配慮しながら主体的に外国語を用いて聞いたり，読んだり，話したり，書いたりして自分の考えや気持ちなどを伝え合おうとしている。

児童が生活を送る中で外国語を用いる場面，つまり外国語を使う必然性はあまり見られません。だからこそ，学校や家庭，地域で児童が経験したり学んだりしたことを内容として，それらを英語で伝え合いたいという気持ちを高められるようなコミュニケーション場面を設定することが外国語を使う必然性を生み出すことにつながると考えます。さらに，他教科等で学習したことは児童の発達段階に応じた内容であり，児童の知的好奇心に沿ったものとなることが多く，「聞いて知りたい」「話して教えてあげたい」という児童の意欲を高めることが期待できます。

　一方で，そのような伝えたい内容があったとしても，伝え合うための技能が身についていないと発話の際に不安を感じたり，コミュニケーション場面で本当の自分の考えや気持ちを思うように発話できなかったり相手の話の内容を理解できなかったりすることが考えられます。そうなると，伝わる喜びを味わうことは難しいでしょう。つまり，単元を通して語彙や表現を少しずつ獲得していくといった，知識及び技能をどのように身につけさせていくかということも考えていく必要があります。そうすることで，習得した語句や表現をコミュニケーション場面で活用する子どもが育つと考えます。

　これらを踏まえて私たちは，「言語活動の工夫」を以下の2点に焦点をあて，研究や実践を進めてまいりました。

①各単元の学習活動が，単に外国語の学習の中で完結するのではなく，学校行事や他教科，「地域のひと・もの・こと」など児童の実生活と結び付いた内容を目的として，児童が「伝えたい」「知りたい」という思いを高めるコミュニケーション場面を設定すること。〔内容の工夫〕

②単元のゴールとなるコミュニケーション場面（言語活動）において，児童が「伝えられた」「わかった」という思いを味わえるようにするために，4技能（2技能）を無理なく，段階をおって身につけられるよう単元や1単位時間の活動構成を考えること。〔系統の工夫〕

2. 研究の内容と方法

（1）言語活動の工夫

①内容の工夫

　コミュニケーション場面の設定については，児童の「知りたい」，「伝えたい」という思いや意欲を高めるために，学校行事や他教科，「地域の人・もの・こと」等との関連を図ったコミュニケーションの場を設けています。以下に示すのは，そのような視点で授業づくりを行った実践です。

2年生

「冬野さいカレンダーをつくろう」
（生活科との関連）

～野さいカードを集めて「野さいカレンダー」をつくろう～

4年生

「お気に入りの場所を紹介しよう」
（分校との関連）

～分校の○○くんと，お互いの学校のお気に入りの場所をビデオに録画してビデオレターを交換しよう～

6年生

「宝物を伝え合おう」
（地域との関連）

～新しいクラスの友だちや ALT に自分のことや篠栗町の宝物を伝え合おう～

　上記のように，各単元の学習活動が単に外国語の学習の中で完結するのではなく，学校行事や他教科，「地域のひと・もの・こと」など児童の実生活と結び付いた内容を目的として，児童が「伝えたい」「知りたい」という思いを高めるコミュニケーション場面を設定することを意識しています。

②系統の工夫

　単元のゴールとなるコミュニケーション場面で，児童が「伝えられた」「わかった」という思いを味わえるようにするために，4技能（2技能）を無理なく，身につけられるよう以下のような段階をおって単元や1単位時間の活動を設定し，4技能（2技能）が身につくようにします。

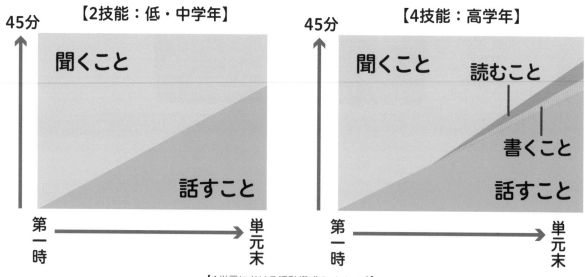

【1単元における活動構成のイメージ】

（ア）単元の活動構成

　低・中・高学年のいずれにおいても，身近で簡単な語句や題材を扱い，それらの音声を十分に聞いてインプットした上で，少しずつアウトプットしていくようにします。その際，低学年においては，歌やゲームなどを通してそれらの語句や音声に親しんでいけるように工夫しています。中学年においては，単元のゴールを見据えて，十分に聞いた音声を少しずつアウトプットしていき，単元のゴールではそれらを使って意味のあるコミュニケーションを図れるように，高学年においては中学年同様，単元のゴールを見据えて「聞くこと」から「話すこと」へと段階をうつし，繰り返し聞いたり話したりしたものを「読むこと」「書くこと」へとつなげていくようにします。ただし，「読むこと」「書くこと」にも意味や目的をもたせることが大切です。

（イ）１単位時間の活動構成

　単元の毎時間の主な活動は，「聞くこと」「話すこと」「読むこと」「書くこと」の順序性を踏まえて構成するようにしています。これらの技能は，単独で成り立つものではなく互いに深く関係し合って身についていくものと捉えています。ですので１つの技能に偏った指導ではなく，複数の技能を関連付けながら外国語の運用能力を高めていく必要があります。小学校段階ではまず，意味のある場面で英語の音声をたっぷりと「聞く」活動から始め，聞いたことを真似したり，繰り返して言ったりして「話す」活動を行い，英語の音声に十分慣れ親しむことができるようにします。機械的な反復練習ではなく，コミュニケーションを行う目的や場面，状況に応じた活動を繰り返し行いながら意味のある活動になるように考えています。高学年では，聞いたり話したりして十分に慣れ親しんだ簡単な語句や基本的な表現を「書き写したり」，絵本や絵カードに添えられた文字を「読んで」みたりして，「書く」「読む」活動を行います。文字を扱う活動については，細やかに指導を行っていくように留意しています。しかし，ねらいとする力を身につけさせるために，繰り返し取り組ませる必要があるときには，「Small Talk」や「例文を見て書き写す活動」など，５分〜１０分程度の帯活動を活用するなど，児童に負担のないようにスモールステップで段階的に取り組んでいます。

（２）評価の在り方

①中間評価

　中間評価とは，主にコミュニケーション場面の途中に設定する評価場面のことで，前半の活動（ためす活動）を見取り，本時のねらいと照らし合わせて必要に応じて指導や評価を行い，後半の活動（いかす活動）へとつなげる意図で行います。

コミュニケーション場面

| ためす活動 | ‥‥‥▶ | 中間評価 | ‥‥‥▶ | いかす活動 |

　コミュニケーションを行う際に，大きく３つのステップを踏むようにします。まず，ためす活動では，児童が自分の今の力でどれだけ伝え合えるかに気づく時間としています。中間評価では，本時のねらいに迫るために，教師がコミュニケーションの目的を再度確認したり，児童の困り感やうまくいったことを取り上げ共有したりして後半の活動につなげる時間としています。それを受けていかす活動では児童が新たに得た表現を加えたり，伝える内容や言い方を変えたりして，より自分の考えや気持ちを伝え合えるようにします。中間評価前後で児童の発する言葉や内容の質を高めるなど，本時のねらいにより近づけることを意図して行っています。

②振り返りシート

　児童が毎時間「何ができるようになったか」を振り返り，次の学習への意欲を高めるために自己評価や他者評価を行います。教師は振り返りシートから児童の学びの状況を把握し授業改善につなげたりするために用います。児童が記入する前に，教師が本時のねらいに立ち返り全体で確認することで，本時の学習に沿った振り返りが児童自身もできるようになります。

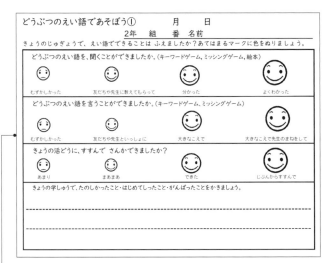

【低学年の例】

【中学年の例】

低・中学年においては

◆3ないし4段階で達成度を設定し，該当するマークに色を塗るようにする。

◆それぞれの問いには，どの活動であるかを明記する。

◆3ないし4段階の設定の仕方としては，左から，「まだ難しいと感じている段階」「何らかの補助があればできる段階」「多くの児童が達成可能な，クラスでの到達目標となる段階」「自信のある児童を飽きさせないような次への挑戦的課題を設けた段階」を参考に作成する。

高学年においては

◆単元を通しての学びを児童も教師も把握できるよう，1枚のシートに全時間がおさまるように作成する。

◆本時のねらいに対しての達成度を□内に◎，○，△の3段階で自己評価し，その根拠を記述する。

◆「自己の課題をどのように捉え，解決に向けて取り組んできたか」や，「次の学びに向けてどのような意識をもって取り組もうとしているか」などの意志的な側面についても把握できるよう，振り返りの際に指導者が発問の工夫などを行う。そこに表れた記述等は，主体的に学習に取り組む態度を見取る際の資料の一つとする。

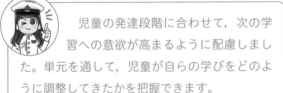 児童の発達段階に合わせて，次の学習への意欲が高まるように配慮しました。単元を通して，児童が自らの学びをどのように調整してきたかを把握できます。

Unit 4 I like my town.

	初めて知ったこと・できるようになったこと・自分ががんばったこと・友達のよかったところ	むずかしかったこと・困ったこと・もっとできるようになりたいこと
① □		
② □		
③ □		
④ □		
⑤ □		
⑥ □		
⑦ □		

♪ Unit 4 の goal

Unit 4 をふりかえって

【高学年の例】

③ Can-Do リスト

　各学年の到達目標を示した Can-Do リストを作成し活用する。T シャツには『各単元の目標』，お守りには『それぞれの単元目標を達成する過程で，できるようになってほしいことや知ったり気づいたりしてほしい内容』を示しています。

　児童が使用するときには，単元の最後に限らずいつでも塗っていいようにしています。単元や学期，あるいは年間を通して「何ができるようになったか」を自覚できます。この Can-Do リストは教員にとっては1年間を見通した，児童に身につけさせたい力を示したものとなり，児童にとっては1年間で自分ができるようになることの見通しを示したものとなります。つまり，教師と児童それぞれが1年間の目標を共有できるものとなっています。

【6年生のCan-Doリスト】

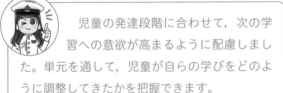 英語の授業用ファイルの表紙裏に貼ることで，1年間を通じていつでも確認ができるようにしました。児童が自分の学びを振り返り，いろいろなぬり方で自己評価をしていることが興味深かったです！

15

④パフォーマンス評価

　児童の学習状況を客観的に見取るために高学年においてパフォーマンス評価を行います。評価計画に即して，単元末あるいは学期末，学年末など，ある程度のまとまりの中で ALT や JTE と協力してインタビューを行ったり，成果物やスピーチの様子など多様な視点から評価を行うようにしています。

　1単元や学期などのまとまった期間の学びやがんばりを把握し，児童個人はもちろん学級全体に伝えることで，次の単元や学期への学習意欲をもたせることができました。

（3）外国語科における評価について

　高学年においては，新学習指導要領に示された3つの柱と，5領域の領域別の力を見取るための，実現可能な評価方法を明らかにしていく必要があります。

　評価をするにあたっては，学習指導要領に示された目標をもとに各学年の目標を設定し，「知識・技能」，「思考・判断・表現」，「主体的に学習に取り組む態度」の3つの観点で評価します。**右図内**に示した☆は，それぞれの観点における記録に残す評価についてのタイミングイメージです。

●「知識・技能」は，主に単元の前半で，語彙や表現の理解や習得の状況について見取っていきます。

●「思考・判断・表現」は，獲得した知識や技能を目的のあるコミュニケーション場面において活用しているか，主に単元の中盤から後半にかけて見取っていきます。

●「主体的に学習に取り組む態度」は，児童の粘り強さや，あるいは自らの学びをどのように調整していったかという点について，単元や題材のまとまりなど，ある程度の期間を通して見取っていきます。

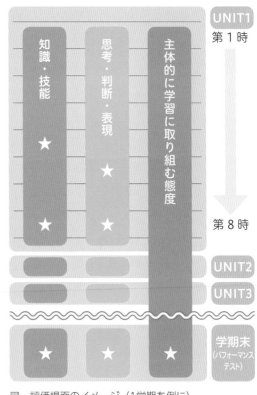

図・評価場面のイメージ（1学期を例に）

　これらの観点については，第1時から形成評価を行いながら総括評価へとつなげていくことが大事だと考えています。また，学期末のパフォーマンステストにおける姿も参考にすることで，児童にどのような力がついたかを総合的に評価していくようにします。さらに，4技能については，学期や年間を通してバランス

よく見取ることができるよう計画しています。誰が，いつ，どのような規準で評価するかについては，実践を行いながら常に更新し，次年度の年間評価計画表作成へとつなげています。(p.74 参照)

　4技能（5領域）の評価については，以下のような活動場面が考えられます。

技能	評価の活動場面例
聞くこと	Let's Listen などの音声を聞き，聞こえたことをワークシートに書く活動等
話すこと（やり取り）	目的，場面，状況が設定されたコミュニケーション活動でのやり取りの様子や，パフォーマンス評価場面等
話すこと（発表）	自己紹介スピーチや，行ってみたい国についてのポスターセッションなどの発表の様子やパフォーマンス評価場面等
読むこと	アルファベットを声に出して読んだり，児童が書いたものを互いに読み合ったりする活動等
書くこと	繰り返し聞いたり言ったりしたものを書き写す活動やワークシート，ポスターやパンフレット等の成果物等

【篠栗小の4人の先生の誕生日を聞き取り，ワークシートに書く様子】

【アルファベットを聞き取り，四線上に書く様子】

【参考文献】　・文部科学省（2018）『小学校学習指導要領解説　外国語活動・外国語編』
　　　　　　・文部科学省（2017）『小学校外国語活動・外国語研修ガイドブック』
　　　　　　・国立教育政策研究所『「指導と評価の一体化」のための学習評価に関する参考資料』
　　　　　　・文部科学省　国立教育政策研究所教育課程研究センター『学習評価の在り方ハンドブック』

教えて！大田先生 ココが知りたい！ Q & A

 特別支援学級での外国語の指導のポイントは何ですか？

 　外国語の授業を通常学級で行う場合と特別支援学級で行う場合，またどちらでも実施する場合など各学校で異なるでしょう。特別支援学級には発達段階や困難さが異なる子どもたちが在籍しています。そのため，画一された単元目標ではなく，個別の目標設定が必要です。一人ひとりのゴール達成に向けて，「楽しい」「わかった」「できるようになった」という満足感や達成感を味わわせることのできる活動の工夫が大切です。無理に全員で同じ活動を強いることで戸惑いやつまずきを感じる子どもも出るかもしれませんので，同じ活動を全員が必ずしないといけないということはありません。実態に応じて柔軟に変更できるような活動方法を事前に準備しておき，子どもに選択させるという工夫もできます。また，ICT機器を活用し，タブレット等を操作して聞いたり言ったりして学ばせたり，映像や音声を視聴して模倣したりして，自分のペースで安心して学ぶことのできる場を用意することもできますね。

 校内の外国語推進者（コーディネーター）は
どのようなことに配慮したらよいですか？

 　各校で外国語推進コーディネーターの役割を担っている先生にとっては，どのように授業の充実に向けて推進していけばよいか悩んでいらっしゃる先生も多いです。校内での研修時間も限られているため，十分に共通理解の場を設定することが困難な場合もあるようです。コーディネーターの先生方は，外国語の授業において先生方が感じている困り感等を把握し，所属校の課題を見いだしましょう。そして，改善のための方策を考え，先生方を支援したり，また解決に向けた研修等を推進していくことが大切です。コーディネーターの先生一人で推進していくのではなく，校内研究組織と連携しながら進めていくことも大変効果的です。

 授業時間内で学級の全ての子どもの行動を見取ることは難しいです。
よい方法はありますか。

 　授業時間内で全ての子どもの記録に残す評価をしようとすると，評価に追われ適切な指導ができないこともあります。当該の活動で全員分の記録に残す評価を行いたい場合は，記録媒体への録画やワークシートなどへ子どもの思いや考えを言語化・可視化させておき，授業後に把握することも可能でしょう。ただし，それを同じ単元の中で何回も行うことは現実的ではありません。評価計画を練り，必要な場面で適切に行い，指導にいかしたり，総括評価の資料にしたりしましょう。

第2章

実践事例

いろのえいごであそぼう
～ざいりょうをあつめよう～

【他教科関連教科・領域】
図画工作科
カラーセロハンを透明の袋に入れて
マスコットを製作する活動

【重点評価領域】
「聞くこと」「話すこと（やり取り）」

単元目標

色を表す英語と日本語の音声の違いを知り，必要な色について聞いたり言ったりする。

本単元における評価規準

	知識・技能，思考・判断・表現	主体的に学習に取り組む態度
聞くこと	相手が必要なカラーセロハンを渡すために，色の英語を聞いて，大体の意味がわかっている。	相手が必要なカラーセロハンを渡すために，色の語句を聞こうとしている。 ※複数単元にまたがって記録に残す評価を行う。
話すこと［やり取り］	自分が必要なカラーセロハンを集めるために，色について伝えている。	自分が必要なカラーセロハンを集めるために，色について話そうとしている。 ※複数単元にまたがって記録に残す評価を行う。

※以下，聞くことは「聞」，話すこと［やり取り］は「話や」，話すこと［発表］は「話発」と省略。

本単元における主な活動の流れ（全3時間）　◆目標　○主な活動

第一時
◆7つの色の言い方を知り，聞いたり言ったりして慣れ親しむ。
○♪Rainbow　○色当てクイズ　○単元の見通しをもつ。　○チャンツ
○ポインティングゲーム　○絵本の読み聞かせ

第二時
◆7つの色を聞いたり言ったりして，友だちとやり取りすることに慣れ親しむ。
○♪じゃなくてチャンツ　○キーワードゲーム
○虹づくり　○絵本の読み聞かせ

第三時（本時）
◆色の英語や，色を尋ねたり答えたりする表現を使って，友だちと伝え合う。
○♪じゃなくてチャンツ　○キーワードゲーム
○図画工作の材料を集めよう　○集めた色を確かめよう

本時学習過程と評価の実際

1 Greeting
♪ Hello Song

2 Warm-up
♪じゃなくてチャンツ

3 Today's goal
本時のめあてを確認する。

こんななかまをつくりたいから，必要な色のセロハンを集めよう！

4 Main Activity 図画工作科の学習で作成した設計図をもとに，必要な色のセロハンを集めるために，色の英語を聞いたり言ったりする。

領域 / 方法	【話や】（知・技，思・判・表）/ 担任による行動観察（必要があれば授業後に録画したものを視聴）
	【話や】（主）/ 担任による行動観察（必要があれば授業後に録画したものを視聴）授業後，ワークシート分析
評価規準	思 自分が必要なカラーセロハンを集めるために，色について伝えている。
	主 自分が必要なカラーセロハンを集めるために，色について伝えようとしている。
評価基準	知 思 A：自分が必要なカラーセロハンの色を集めるために，設計図で確認したり，動作や表情を交えたりしながら色の英語を伝えている。 B：自分が必要なカラーセロハンを集めるために，色の英語を伝えている。 C：自分が必要なカラーセロハンを集めるために，色の英語を伝えていない。
	主 A：自分が必要なカラーセロハンを集めるために，設計図で確認したり，動作や表情を交えたりしながら色の英語を伝えようとしている。 B：自分の必要なカラーセロハンを集めるために，色の英語を伝えようとしている。 C：自分が必要なカラーセロハンを集めるために，色の英語を伝えようとしていない。

※このルーブリックは，学年で子どもの姿を見取る指標として共有するために作成。
　実際には，低・中学年では評定を行う評価は行っていない。

会話
C1: Hello. ❶ （相手の目を見て，手を振りながら）
C2: Hello.
C1: Purple please. ❷ （設計図を確認して，必要な色を確かめた後）
C2: ?
C1: Purple. ❸ （相手に聞こえるように近づき，ゆっくりと言う）
C2: OK. Here you are.
C1: Thank you. ❹ （笑顔で相手の目を見て，頭を下げながら）
C2: See you.
C1: See you. ❺ （相手の目を見て，笑顔で手を振りながら）

評価の実際

　上記の会話における C1 は，まず，設計図で自分が作品づくりに必要なセロハンの色を確認し，どの色を伝えたらよいかを考えてから会話に臨んでいる（青線部❷）。次に，相手が首をかしげる様子から，"purple" を聞き取れていないのだと判断し，相手に聞こえるように近づいてゆっくりと言い直しているため，粘り強く自分の必要な色を相手に伝えようとする姿が見られた（青線部❸）。また，相手の目を見たり，笑顔や身振りを交えたりしながら話して，よりよく伝えようとする工夫が見られたことから（青線部❶❹❺），「知識・技能，思考・判断・表現」「主体的に取り組む態度」の観点で名簿にチェックを入れた。

　１年生は初めて学習する語句ばかりで，使用する語句も少ないため，会話がパターン化されてしまい，３観点の評価の違いがわかりにくいです。

POINT 　触れる語彙や表現は中学年よりさらに少ないので，ある程度会話は同じようになるものと思います。英語に触れ，音声にたっぷり親しみながら母語とは異なる言語を体全体で感じ，楽しさや興味・関心を育てたいのが低学年での外国語だと考えます。p.72「各学年の目標」を参考にして目標設定をし，３観点での姿の違いをまず明確にしておくとよいですね。

⑤ Closing remarks 本時の学習と本単元全体の自分の学びを振り返り，シートに書く。

領域 / 方法	主体的に学習に取り組む態度 / 振り返りシート記述分析 ※複数単元にまたがって記録に残す評価を行うため，目標を十分に達成している児童の記述や，前単元からの変容が見られた児童の記述を記録に残した。
評価規準	①知識及び技能を獲得したり，思考力，判断力，表現力等を身につけたりすることに向けた粘り強い取組を行おうとしている。 ②①の粘り強い取組を行おうとする中で，自らの学習を調整しようとしている。
評価基準	A：①か②に関する具体的な記述が見られる。 B：①か②に関する記述が見られる。 C：①と②，いずれに関する記述も姿も見られない。

児童A

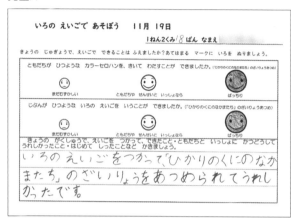

児童B

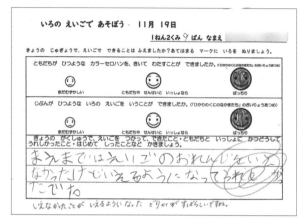

評価の実際

　上記に挙げた児童Aは，「色の英語を使って，作品づくりに必要な材料を集められてうれしかった。」と記述していることから，この学習に意欲をもち，単元のゴールに向かって楽しみながら取り組んだことがわかる。また，児童Bは，「前は言えなかった英語が言えるようになってうれしかった。」と記述していることから，初めは難しさを感じていたが，最後は英語が言えたうれしさを味わっていることがわかる。このようにその子一人ひとりのがんばりや楽しく英語に慣れ親しむ姿を捉えるようにした。そして子どもたちに「○○なところがとてもよかったよ。」と伝えたり，通知表で保護者に伝えたりした。

⑥ Greeting　♪ Good-bye Song

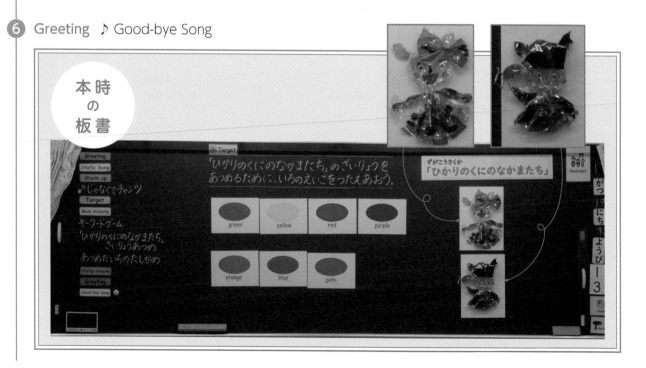

本時の板書

図画工作科の時間に，英語タイムで集めたカラーセロハンを使って，設計図を見ながら作品をつくる子どもたち

完成した作品を窓に飾り，太陽の光に反射してカラーセロハンが光る様子を楽しんだ

単元指導計画及び評価計画（全3時間）

	目標◆と主な活動○	知技	思判表	主	評価規準＜方法＞
第一時	◆7つの色の言い方を知り，聞いたり言ったりして慣れ親しむ。 ○♪Rainbow ○色当てゲーム ○単元の見通しをもつ ○チャンツ ○ポインティングゲーム ○絵本の読み聞かせ				本時では記録に残す評価は行わないが，目標に向けて指導を行う。
第二時	◆7つの色を聞いたり言ったりして，友だちとやり取りすることに慣れ親しむ。 ○♪じゃなくてチャンツ ○キーワードゲーム ○虹づくり ○絵本の読み聞かせ				本時では記録に残す評価は行わないが，目標に向けて指導を行う。
第三時（本時）	◆色の英語や，色を尋ねたり答えたりする表現を使って，友だちと伝え合う。 ○♪じゃなくてチャンツ ○キーワードゲーム ○図画工作で使う材料を集めよう。 ○集めた色を確かめよう。	聞・話や	聞・話や		【聞】知思 相手が必要なカラーセロハンを渡すために，色の語句を聞いて大体の意味がわかっている。＜行動観察，振り返りシート点検・分析＞ 【話や】知思 自分が必要なカラーセロハンを集めるために，色について言っている。＜行動観察，振り返りシート点検・分析，集めたカラーセロハン＞ 【聞】主 相手が必要なカラーセロハンを渡すために，色の語句を聞き取ろうとしている。＜行動観察，振り返りシート点検・分析＞ 【話や】主 自分が必要なカラーセロハンを集めるために，色について話そうとしている。＜行動観察，振り返りシート点検・分析＞

食べ物のえい語であそぼう
～ささぐりの「すてき」がつまった オリジナルプレートをつくろう～

【他教科関連教科・領域】
生活科
まちたんけん

【重点評価領域】
「聞くこと」
「話すこと（やり取り）」

単元目標

食べ物を表す英語と日本語の音声の違いを知り，ほしい食べ物について聞いたり言ったりする。

本単元における評価規準

	知識・技能，思考・判断・表現	主体的に学習に取り組む態度
聞くこと	相手がほしい食べ物カードを渡すために，食べ物の英語を聞いて，大体の意味がわかっている。	相手がほしい食べ物カードを渡すために，食べ物の英語を聞き取ろうとしている。 ※複数単元にまたがって記録に残す評価を行う。
話すこと［やり取り］	自分がほしい食べ物カードを集めるために，食べ物について伝えている。	自分がほしい食べ物カードを集めるために，食べ物について話そうとしている。 ※複数単元にまたがって記録に残す評価を行う。

※以下，聞くことは「聞」，話すこと［やり取り］は「話や」，話すこと［発表］は「話発」と省略。

本単元における主な活動の流れ（全3時間）　◆目標　○主な活動

第一時	◆食べ物の英語の言い方を知り，英語の音声と日本語の音声との違いに気づくとともに，聞いたり言ったりして慣れ親しむ。 ○食べ物クイズ　○♪じゃなくてチャンツ　○キーワードゲーム ○ミッシングゲーム　○絵本の読み聞かせ
第二時	◆食べ物の英語を聞いたり言ったりして慣れ親しむ。 ○♪じゃなくてチャンツ　○キーワードゲーム　○ポインティングゲーム　○カードゲーム（神経衰弱）
第三時（本時）	◆ほしい食べ物を集めるために，食べ物について伝え合う。 ○♪じゃなくてチャンツ　○ビデオレター視聴 ○オリジナルプレートのメニューを考えよう　○オリジナルプレートに入れる食べ物を集めよう ○オリジナルプレートのメニューを紹介しよう

本時学習過程と評価の実際

① Greeting　♪ Hello Song

② Warm-up　♪じゃなくてチャンツ
　　　　　　 ビデオレター視聴

③ Today's goal　本時のめあてを確認する。

④ Main Activity　オリジナルプレートに入れたい食べ物カードを集めるために，食べ物の英語を聞いたり言ったりする。

町探検で出会ったオッタントットの店長さんからのお願いだもの。がんばって考えなくちゃ！

町探検で見つけた篠栗町のすてきなところを詰めたプレートを考えてくれませんか？

どんなメニューにしようかな。

領域／方法	【話や】（知・技，思・判・表）／担任による行動観察（必要があれば授業後に録画したものを視聴）
	【話や】（主）／担任による行動観察（必要があれば授業後に録画したものを視聴）　授業後，ワークシート分析

評価規準	知思	自分がほしい食べ物カードを集めるために，食べ物について伝えている。
	主	自分がほしい食べ物カードを集めるために，食べ物について伝えようとしている。

評価基準	知思	A：自分がほしい食べ物カードを集めるために，動作や表情を交えながら食べ物の英語を伝えている。 B：自分がほしい食べ物カードを集めるために，食べ物の英語を伝えている。 C：自分がほしい食べ物カードを集めるために，食べ物の英語を伝えていない。
	主	A：自分がほしい食べ物カードを集めるために，動作や表情を交えながら食べ物の英語を伝えようとしている。 B：自分がほしい食べ物カードを集めるために，食べ物の英語を伝えようとしている。 C：自分がほしい食べ物カードを集めるために，食べ物の英語を伝えようとしていない。

※このルーブリックは，学年で子どもの姿を見取る指標として共有するために作成。
　実際には，低・中学年では評定を行う評価は行っていない。

会話1

C1: Hello.（相手の目を見て，笑顔で手を振りながら）
C2: Hello.
C1: Bread, please.
C2: ?
C1: Bread, please.（クロワッサンの形を手で表しながら）
C2: OK. Here you are.
C1: Thank you.（笑顔で頭を下げながら）
　　See you.（相手の目を見て，笑顔で手を振りながら）
C2: See you.

評価の実際

　会話1における C1 は相手が "bread" の意味がわかっていないと判断し，手でクロワッサンの形を表したり，強調して言ったりしている（赤下線部）。さらに正しい発音で言うこともできていた。また，相手を意識した目線・表情・ジェスチャーを加え，よりよく伝えようとする工夫が見られたことから「知識・技能，思考・判断・表現」「主体的に学習に取り組む態度」を評価 A とした。（よりよく伝えようとする工夫はないが，自分がほしい食べ物の英語を話している子を評価 B とした。）

 同時に複数の観点で評価をする際には，どのようなことに気をつければいいですか。

 POINT　一つの活動で，複数の観点の評価を行うこともありますね。観点ごとに見取る姿が異なるので，その違いを事前に明確にしておくことが大切です。そのために，単元の評価規準，本時における評価規準を具体的に示しておきます。達成された姿はどのような姿になるのかが具体的であれば，見取りの姿の違いがはっきりしてきます。

⑤ Closing remarks　本時の学習と本単元全体の自分の学びを振り返り，シートに書く。

領域／方法	主体的に学習に取り組む態度／振り返りシート点検・記述分析 ※複数単元にまたがって記録に残す評価を行うため，目標を十分に達成している児童の記述や，前単元からの変容が見られた児童の記述を記録に残した。
評価規準	①知識及び技能を獲得したり，思考力，判断力，表現力を身につけたりすることに向けた粘り強い取組を行おうとしている。 ②①の粘り強い取組を行おうとする中で，自らの学習を調整しようとしている。
評価基準	A：①か②に関する具体的な記述が見られる。 B：①か②に関する記述が見られる。 C：①と②，いずれに関する記述も見られない。

児童A

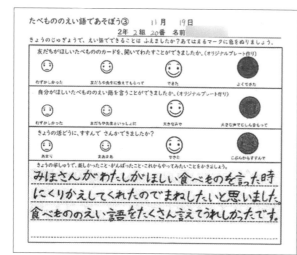

児童B

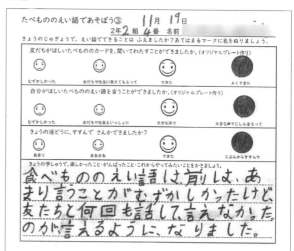

児童Cのコメント　えい語をいったり聞いたりできたので楽しかったです。パンのえい語をじょうずに言えたので，うれしかったです。もっとじょうずになりたいです。はやくオッタントットにとどけたいです。

評価の実際

　上記に挙げる児童A・B・Cについては振り返りの記述分析において目標を十分に達成していると記録した児童である。児童Aは，「友だちがわたしの言った英語をくりかえしてくれたのでまねしたい。」と記述していることから友だちのよい点を取り入れようとする自己調整をしていることがわかる。児童Bは，「前はむずかしかったけど，言えなかったのが言えるようになった。」と自分自身の変容に気づいた記述を書いている。児童Cは，「えい語をいったり聞いたりできたので楽しかった。」「パンのえい語をじょうずに言えたのでうれしかった。もっとじょうずになりたい。」「はやくオッタントットにとどけたい。」と記述しており，この学習に意欲をもち，目的をもって粘り強く取り組んだことがわかる。

他教科と関連させた授業によってどのような効果がありましたか。

POINT　日常の学校生活の一場面が外国語の授業とつながっていること，そして同じ体験を重ねていることにより，言語活動における子どもの思いや気持ちに広がりや深まりが生じ，より豊かになります。身近な人・もの・こととのつながりがあるため，常に体験をもとにしたコミュニケーションができるよさがあります。このような授業構成は，日頃の関わりの深い学級担任がカリキュラム編成の中心として力を発揮するからこそ実現させることができます。

6 Greeting　♪ Good-bye Song

本時の板書

英語タイムで考えたメニューに，生活科の町たんけんで発見した町のよさをいれたオリジナルプレート（表裏）

完成したプレートを欧風食堂に届ける子どもたち

【生活科の振り返りから】
・店長さんや町の人からの手紙を読んで，町のすてきがいっぱいつまったオリジナルプレートをつくってよかったなあと思いました。
・オッタントットに来る町の人や外国の人に，ぼくたちが見つけたささぐり町のいいところをつたえられてうれしかったです。
・ぼくも，おうちの人といっしょにオッタントットに食べに行こうと思います。

店内に置いてある様子

単元指導計画及び評価計画（全3時間）

	目標◆と主な活動○	知技	思判表	主	評価規準＜方法＞
第一時	◆食べ物の英語の言い方を知り，英語の音声と日本語の音声との違いに気づくとともに，聞いたり言ったりして慣れ親しむ。 ○食べ物クイズ ○♪じゃなくてチャンツ ○キーワードゲーム ○ミッシングゲーム ○絵本の読み聞かせ				本時では記録に残す評価は行わないが，目標に向けて指導を行う。
第二時	◆食べ物の英語を聞いたり言ったりして慣れ親しむ。 ○♪じゃなくてチャンツ ○キーワードゲーム ○ポインティングゲーム ○カードゲーム（神経衰弱）				本時では記録に残す評価は行わないが，目標に向けて指導を行う。
第三時（本時）	◆ほしい食べ物を集めるために，食べ物について伝え合う。 ○♪じゃなくてチャンツ ○ビデオレター視聴 ○オリジナルプレートのメニューを考えよう。 ○オリジナルプレートに入れる食べ物を集めよう。 ○オリジナルプレートのメニューを紹介しよう。	聞・話や	聞・話や		【聞】知思 相手がほしい食べ物カードを渡すために，食べ物の英語を聞いて，大体の意味がわかっている。＜行動観察，振り返りシート点検・分析＞ 【話や】知思 自分がほしい食べ物カードを集めるために，食べ物について伝えている。＜行動観察，オリジナルプレートシート・振り返りシート点検・分析＞ 【聞】主 相手がほしい食べ物カードを渡すために，食べ物の英語を聞き取ろうとしている。＜行動観察，振り返りシート点検・分析＞ 【話や】主 自分がほしい食べ物カードを集めるために，食べ物について話そうとしている。＜行動観察・振り返りシート点検・分析＞

This is for you.
〜Thank you カードをおくろう〜
(Let's Try！1 Unit 7)

【他教科関連教科・領域】
図画工作科　紙版画製作
国語科　手紙を書く
日常生活の中でお世話になっている人に感謝の気持ちを伝える

【重点評価領域】
「聞くこと」「話すこと（やり取り）」

単元目標

「Thank you」カードをつくるために，相手に伝わるように工夫しながら，色や形など，ほしいものについて尋ねたり答えたりして伝え合う。

本単元における評価規準

		知識・技能	思考・判断・表現	主体的に学習に取り組む態度
聞くこと		色や形など，身の回りの物についての語彙を聞いて日本語との音声の違いに気づき，What do you want? や〜, please. などを用いてほしいものを尋ねたり答えたりする表現を聞くことに慣れ親しんでいる。	カードをつくるために話された色や形など，身の回りの物について，相手が言ったほしいものの意味がわかっている。	わからないときはもう一度尋ねるなど，わかるまで聞こうとしている。
話すこと［やり取り］		色や形など，身の回りの物について，What do you want? や〜, please. などを用いてほしいものを尋ねたり答えたりすることに慣れ親しんでいる。	カードをつくるために，色や形など，身の回りの物について，ほしいものを尋ねたり答えたりして伝え合っている。	カードをつくるために，相手に伝わるように工夫しながら，色や形など，身の回りの物について，ほしいものを尋ねたり答えたりして伝え合おうとしている。

※以下，聞くことは「聞」，話すこと［やり取り］は「話や」，話すこと［発表］は「話発」と省略。

本単元における主な活動の流れ（全5時間）　◆目標　○主な活動

第一時	◆日本語と英語の音声の違いに気づくとともに，形や身の回りの物を表す言い方を知る。 ○単元のゴールを知ろう　○誌面には何があるかな？　○Finger Twister ゲーム
第二時	◆色や形の言い方に慣れ親しんだり，ほしいものを尋ねたり答えたりする表現を知ったりする。 ○シェイプ・チャンツ　○シェイプ・クイズ　○リメンバーゲーム
第三時	◆色や形，ほしいものを尋ねたり答えたりする表現に慣れ親しむ。 ○形づくりゲーム　○「Thank you カード」を考えよう
第四時 （本時）	◆色や形など，ほしいものを尋ねたり答えたりして伝え合う。 ○「Thank you カード」をつくろう
第五時	◆色や形の言い方を使って，自分の作品を紹介する。 ○自分の作品を紹介しよう

本時学習過程と評価の実際

1 Greeting

2 Warm-up　♪【Let's Chant】What do you want?

3 Today's goal　本時のめあてを確認する。

4 Main Activity　お店屋さんとお客さんに分かれて自分がほしい色・形を伝え合い，スタンプを集めてThank you カードをつくる。

領域 / 方法	【話や】（思・判・表）/ 担任による行動観察（必要があれば授業後に録画したものを視聴），振り返りシート点検・分析
	【話や】（主体的に学習に取り組む態度）/ 担任による行動観察（必要があれば授業後に録画したものを視聴），振り返りシート点検・分析，Thank you カード点検
評価 規準	【話や】思 カードをつくるために，色や形・数などほしいものを尋ねたり答えたりして伝え合っている。
	【話や】主 相手に伝わるように工夫しながら，色や形など，ほしいものを尋ねたり答えたりして伝え合おうとしている。
評価 基準	思 A：カードをつくるために，相手がほしいものを尋ねたり，（数＋）色＋形の語順でほしいものを伝えたりして伝え合っている。 B：カードをつくるために，相手がほしいものを尋ねたり，色や形・数などほしいものを「〜，please.」という表現を用いて答えたりして伝え合っている。 C：相手がほしいものを尋ねたり，色や形・数などほしいものを単語で答えたりして伝えている。
	主 A：カードをつくるために，相手がほしいものを尋ねたり，色や形・数などほしいものを相手の様子や反応に応じてゆっくり話したりジェスチャー等を交えたりして伝え合おうとしている。 B：カードをつくるために，相手がほしいものを尋ねたり，色や形・数などほしいものを「〜，please.」という表現を用いて答えたりして伝え合おうとしている。 C：相手がほしいものを尋ねたり，色や形・数などほしいものを単語で答えたりして伝えようとしている。

会話1

C1: Hello.
C2: Hello. What do you want?
C1: ❶ Umm…, star red, please.
C2: Red, star. ❶（星形のスタンプを持ってきて，C1 に見せながら）OK ?
C1: OK.
C2: Here you are.
C1: Thank you.（カードにスタンプを押して，C2 に返す。）

C2: What do you want ?
C1: ❷ Heart green, … green heart, please!
C2: Green heart.（ハート形のスタンプを 2 個持ってきて C1 に見せる。）
C1: ❷ Small please.
C2: OK. Here you are.
C1: Thank you.（カードにスタンプを押して，C2 に返す。）

評価の実際

　会話 1 における C1 は，一度目のやり取りにおいて，自分がほしいスタンプについて伝える際に違和感をもっていたが（赤下線部❶），C2 の応答や周囲の友だちのやり取りを聞き，二度目のやり取りでは自分がほしいスタンプについて色＋形の順で伝えることができた（赤下線部❷）。また，C2 にハート形のスタンプを持ってこられた際に，2 個のスタンプのうち，自分がほしいのは小さい方だとゆっくりはっきり伝えることができた（青下線部❷）。さらに，C1 がお店屋さんの立場に役割チェンジした際には，C2 のように，相手のほしいスタンプについて，これでいいかと確認する様子が見られた（青下線部❶）ことから，「思考・判断・表現」「主体的に学習に取り組む態度」を A と評価し，名簿にチェックをつけて記録を残しておいた。

会話2

C3: Hello.
C4: Hello. What do you want?
C3: ❸ Rectangle please.
C4: What color ?
C3: ❹ Yellow rectangle, please.
C4: Yellow rectangle.（長方形のスタンプを 2 個持ってきて，C1 に見せる。）
C3: ❺ Small. Small.
C4: Here you are.
C3: Thank you.（カードにスタンプを押して，C4 に返す。）

　会話2におけるC3は，自分がほしいスタンプについて形のみ伝え（赤下線部❸），C4に尋ねられて色と形を伝えることができた（赤下線部❹）。また，C4に長方形のスタンプを持ってこられた際に，2個のスタンプのうち，自分がほしいのは小さい方だと伝えることができたが，単語のみの表現であった（赤下線部❺）。その後のやり取りにおいても，初めに自分がほしいスタンプの色や形について「〜, please.」と伝えることができたが，色と形の順番が逆であったり，時々，友だちに形の言い方を教えてもらったりしながらやり取りを行っていたので，「思考・判断・表現」「主体的に学習に取り組む態度」を評価Bとした。

パフォーマンス評価を実施していない場合，1時間の授業で学級の全員を見取ることは難しいです。パフォーマンステストは，英語嫌いを生みそうで不安で…。何かできる工夫はありますか。

POINT

　学級の規模にもよりますが，1単位時間の中で全員のパフォーマンスを見取ることは大変困難なことです。見取りたい評価の観点及び領域の学習状況を，単元のどの時間のどの活動で行うのかを計画し，数時間，数名ずつに分けた行動観察により評価してよいと思います。全員の子どものパフォーマンスを本時の活動で見取りたい場合は，映像等に記録する等，ICT機器の活用が効果的ですね。

❺ Closing remarks 本時の学習の自分の学びを振り返り，シートに書く。

領域／方法	主体的に学習に取り組む態度／振り返りシート点検・分析
評価規準	①知識及び技能の獲得や，思考力，判断力，表現力等の習得に向けて自己調整や粘り強い取組を行おうとしている。 ②言語や文化，音声やリズムの違いに気づいたり，コミュニケーションを図る相手に配慮しながら，主体的に外国語を用いて自分の気持ちや考えなどを伝え合おうとしたりしている。
評価基準	A：①と②，両方に関する記述が見られる。 B：①か②のいずれかに関する記述が見られる。 C：①と②，いずれに関する記述も姿も見られない。

児童E

児童F

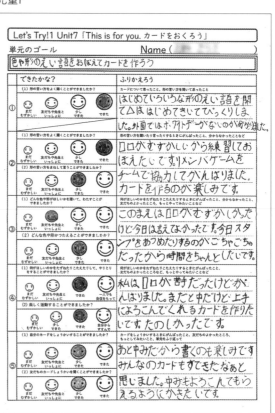

児童G

Let's Try! 1 Unit7「This is for you. カードをおくろう」

単元のゴール　　　　　Name（　　　　　）

図形のえい語をおぼえてカードを作ろう。

できたかな？　　ふりかえろう

① ゆびのゲームで形を少しおぼえたのでさすところをせいかいできたのでよかったです。

② リメンバーゲームで□と□のをはんたいにしてしまいました。○がむずかしかったです。

③ まだ形の言い方口と口がいえませんでした。
スモールやビックも使えたのでよかったです。

④ こうたくんがビックスモールをたずねていていいと思いました。
形のいい方をおぼえられたのでよかったです。

⑤ カードを作くのが楽しみです。
しょうかいする時えい語でいえてよかったです。色もぜんぶえい語でいってすごいと思いました。

評価の実際

児童Eは，振り返りシートの①から②において，「形の英語を少し知れてよかった」→「形の英語をもう少しで言えるようになる」と様々なゲームを楽しむ中で，粘り強い取組を行ったことにより基本表現の技能の獲得ができた記述が見られる。さらに③④では，ほしい物を伝えるときには「色＋形の順で言えば伝わることがわかった」「自分からほしいものを言えてよかった」と相手に伝わるように工夫しながら，主体的に自分のほしいものについて伝えることができたと記述している。

児童Fは，①において，異文化についての気づきの記述が見られる。また②から③において，「長方形と正方形の言い方が難しいから練習して覚えたい」→「苦手だったけど言えるようになった」さらに④では，「苦手だったけどがんばった」と技能の獲得について自己調整を行いながら粘り強く取り組んだことがうかがえる記述がある。また④や⑤では，本単元と関連している「日常生活の中でお世話になっている人に感謝の気持ちを伝えるカードを完成させる」ことに，主体的に取り組もうとしている記述がある。

児童Gは，②において「正方形と長方形を反対にしてしまった」，③では「まだ言えない」としているが④では「形の言い方が覚えられたのでよかった」と記述しており，様々な活動を通して粘り強い取組を行う中で，技能の獲得ができたことがうかがえる。さらに③において，コミュニケーション場面で，より相手に自分の思いが伝わるように「bigやsmallを使うとよい」ことに気づいたことが書かれている。④では，その点に関しての友だちのよさに関する記述がある。また⑤では，児童Fと同様の記述（緑下線部）が見られた。

以上3名は，振り返りシートの分析で評価A，授業の実際の姿としても評価Aであったため，本単元における「主体的に学習に取り組む態度」の観点は評価Aとした。

6 Greeting

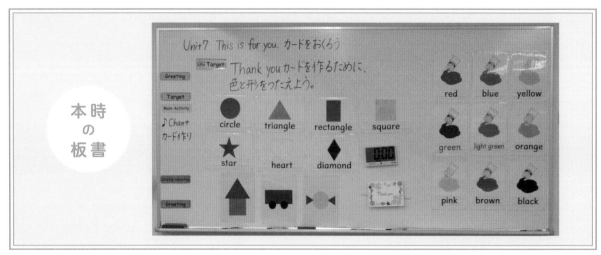

本時
の
板書

学習後の様子

国語科の学習で，家族に感謝の手紙を書く児童

書いた手紙を学級の友だちに渡す児童

もらった手紙をうれしそうに読む児童

単元指導計画及び評価計画（全5時間）

	目標◆と主な活動【 】○ 【 】は誌面化されている活動	知技	思判表	主	評価規準＜方法＞
第一時	◆日本語と英語の音声の違いに気づくとともに，形や身の回りの物を表す言い方を知る。 ○単元のゴールを知ろう 【Let's Watch and Think】 ○誌面には何があるかな？ ○Finger Twister ゲーム				本時では記録に残す評価は行わないが，目標に向けて指導を行う。
第二時	◆色や形の言い方に慣れ親しんだり，ほしいものを尋ねたり答えたりする表現を知ったりする。 ○シェイプ・チャンツ ○シェイプ・クイズ 【Let's Chant】What do you want? ○リメンバーゲーム				本時では記録に残す評価は行わないが，目標に向けて指導を行う。

目標◆と主な活動【 】○ 【 】は誌面化されている活動	知技	思判表	主	評価規準＜方法＞
第三時 ◆色や形，ほしいものを尋ねたり答えたりする表現に慣れ親しむ。 【Let's Chant】What do you want? 【Let's Listen】 ○形づくりゲーム ○「Thank you カード」を考えよう	聞・話や	聞		【聞】知技 色や形，What do you want? や～, please. などを用いてほしいものを尋ねたり答えたりする表現を聞いて意味がわかっている。＜行動観察・Let's Listen 点検＞ 思 形をつくるために話された色や形など，ほしいものの意味がわかっている。＜行動観察・振り返りシート点検・分析＞ 【話や】知 色や形，What do you want? や～, please. などを用いてほしいものを尋ねたり答えたりする表現について理解している。＜行動観察・振り返りシート点検・分析，ワークシート点検＞ 技 色や形，What do you want? や～, please. などを用いてほしいものを尋ねたり答えたりしている。＜行動観察・振り返りシート点検・分析・形づくりカード点検＞
第四時 **（本時）** ◆色や形など，ほしいものを尋ねたり答えたりして伝え合う。 【Let's Chant】What do you want? 【Activity】 ○「Thank you カード」をつくろう	話や	話や		前時までに見取ることができなかった【聞】知技 については，補足的に評価を行う。 【話や】思 カードをつくるために，色や形・数などほしいものを尋ねたり答えたりして伝え合っている。＜行動観察・振り返りシート点検・分析＞ 主 相手に伝わるように工夫しながら，色や形など，ほしいものを尋ねたり答えたりして伝え合おうとしている。＜行動観察・振り返りシート点検・分析・Thank you カード点検＞
第五時 ◆色や形の言い方を使って，自分の作品を紹介する。 【Activity】 ○自分の作品を紹介しよう			聞	【聞】主 わからないときはもう一度尋ねるなど，わかるまで聞こうとしている。＜行動観察・振り返りシート点検・分析＞

POINT 外国語活動における評定

外国語科では評定の違いを明らかにすることが大切ですが，低・中学年の外国語活動の実践では，評定の A と B の違いをはっきりさせることよりも，まずは本時の目標設定と評価規準を明確にすることが大切です。そして，目標とする姿を先生と子どもたちが共有し，その姿を目指すことが大切です。

What do you want?
～作品づくりに必要な材料を集めよう～
(Let's Try! 2 Unit 7)

【他教科関連教科・領域】
図画工作科
将来の夢や願いを様々な材料を使って立体に表す学習
総合的な学習の時間「つなげよう！過去・現在・未来の自分」

【重点評価領域】
「聞くこと」「話すこと（やり取り）」

単元目標

図画工作科で使う材料を集めるために，相手に伝わるように工夫しながら，ほしい材料やその数，色を尋ねたり答えたりして，伝え合う。

本単元における評価規準

		思考・判断・表現	主体的に学習に取り組む態度
話すこと [やり取り]		材料を集めるために，ほしい材料について尋ねたり答えたりして伝え合っている。	材料を集めるために，相手に伝わるように工夫しながら，ほしい材料について尋ねたり答えたりして伝え合おうとしている。

※以下，聞くことは「聞」，話すこと [やり取り] は「話や」，話すこと [発表] は「話発」と省略。

本単元における主な活動の流れ（全5時間）　◆目標　○主な活動

第一時
◆材料の言い方を，聞いたり言ったりして慣れ親しむ。
○キーワードゲーム　○集中力ゲーム

第二時
◆ほしいものを尋ねる言い方を，聞いたり言ったりして慣れ親しむ。
○材料の言い方を想起し，練習する。　○1人カルタ　○カルタ（ペア）

第三時
◆ほしいものを答える言い方を，聞いたり言ったりして慣れ親しむ。
○集中力ゲーム　○Go! ゲーム

第四時
◆ほしいものを尋ねたり答えたりする言い方を使って，ほしい材料を尋ねたり答えたりする。
○材料の言い方を想起し，練習する　○Let's Listen　○集めよう！材料カード

第五時（本時）
◆ほしいものを尋ねたり答えたりする言い方や，数を尋ねたり答えたりする表現を使って友だちと伝え合う。
○材料の言い方を想起し，練習する。　○図画工作科の材料を集める

本時学習過程と評価の実際

① Greeting　あいさつ，3question（曜日，時間，天気）

② Warm-up　♪【Let's Chant】What do you want?
材料の言い方を想起し，練習する

③ Today's goal　本時のめあてを確認する。

④ Main Activity　お店とお客に分かれて，ほしい材料を尋ねたり答えたりする。

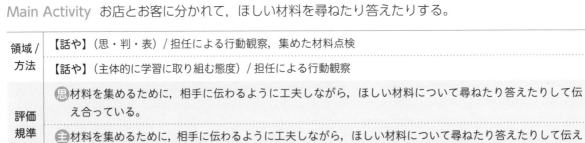

領域 / 方法	【話や】（思・判・表）/ 担任による行動観察，集めた材料点検
	【話や】（主体的に学習に取り組む態度）/ 担任による行動観察
評価規準	思 材料を集めるために，相手に伝わるように工夫しながら，ほしい材料について尋ねたり答えたりして伝え合っている。
	主 材料を集めるために，相手に伝わるように工夫しながら，ほしい材料について尋ねたり答えたりして伝え合おうとしている。

評価基準		
思	A:ほしいものを正確に伝え合うために，既習の簡単な語句や表現を用いてより詳しい情報を付け加えたり，相手の反応に応じて表現を変えたりして伝えている。	
	B:ほしいものを正確に伝え合うために，既習の簡単な語句や表現を用いて伝えている。	
	C:本単元の表現のみを使って伝えている。	
主	A:材料を集めるために，相手がほしいものや自分のほしいものについて，相手の様子や反応に応じて詳しく尋ねたり答えたりして伝えようとしている。	
	B:材料を集めるために，相手にほしいものを尋ねたり，自分のほしいものを答えたりして伝え合おうとしている。	
	C:相手がほしいものを尋ねたり，自分のほしいものを単語のみで答えたりして伝えようとしている。	

会話1

C1: Hello.
C2: Hello.
C1: What do you want?
C2: I want a straw please.
C1: Straw? ❶ （3色のストローがあることを確認して）What color? ❶
C2: Blue, please.
C1: OK. ❷ How many? ❷
C2: Two, please.
C1: （青いストローを2本渡しながら）Here you are.
C2: Thank, you.
C1: See you.
C2: See you.

評価の実際

　会話1におけるC1は，相手がほしがっているストローが3色あることに気づき，どの色のストローがほしいか詳しく聞こうと，既習表現を用いて質問をしていた（赤下線部❶）。また，色を確認した後，何本ほしいかについても詳しく聞くために，既習表現を用いて質問をしていた（赤下線部❷）。

　さらに，相手がほしいものを確認したり，相手の言ったことに反応したりする様子が見られたことから（青下線部❶❷），「思考・判断・表現」「主体的に学習に取り組む態度」を評価Aとした。

会話2

C3: Hello.
C4: Hello. What do you want?
C3: I want a pipe cleaner, please. ❶
C4: OK. （4色のモールを見せて）What color?
C4: Umm…. ❸ （英語で伝えられず戸惑っている様子）
C3: Blue? Light blue? ❸
C4: Light blue.
C3: OK. （水色のモールを渡しながら）Here you are.
C4: Thank you.
C3: See you.
C4: See you.

評価の実際

　会話2におけるC3は，自分がほしいもののみを伝え（緑下線部❶），C4に色を尋ねられたが答えられなかった（青下線部❸）。そこで，C4が色の選択肢を提示したため，自分がほしいモールの色の言い方を知ることができ（赤下線部❸），ほしい材料を手に入れることができた。

　他のコーナーでも，会話2のように友だちに選択肢を提示されたり，言い方を教えてもらったりしてやり取りを行っていたので，「思考・判断・表現」「主体的に学習に取り組む態度」を評価Bとした。

他教科と関連した単元を計画する際に，教科書や教材の配列とは異なる語彙に変更することはよいのでしょうか。

POINT

教科書を子どもの実態に合わせてアレンジして活用していくことはよいと思いますが，自由自在に配列変更はできません。当該単元までに，十分に親しんでおく語彙・表現がないと子どもにとって負担の大きい単元配列になります。使用する語彙や表現がどのような順序で配列されているか，カリキュラム全体を見通した構成を考えていくことが大切です。

5 Closing remarks　本時の学習の自分の学びを振り返り，シートに書く。

領域 / 方法	主体的に学習に取り組む態度　/　振り返りシート点検・分析
評価規準	①知識及び技能を獲得したり，思考力，判断力，表現力等を身につけたりすることに向けた粘り強い取組を行おうとしている。 ②言語や文化，音声やリズムの違いに気づいたり，コミュニケーションを図る相手に配慮しながら，主体的に外国語を用いて自分の気持ちや考えなどを伝え合おうとしたりしている。
評価基準	A：①と②，両方に関する具体的な記述が見られる。 B：①と②，両方に関する記述が見られる。 C：①と②，いずれに関する記述も姿も見られない。

児童A

児童B

評価の実際

　児童Aは，振り返りシートの記述において，「英語が覚えられていたのでうれしかったです。」「次はもっとすらすら言えるようになりたい」，「（作品を）もうつくれます！早くつくりたい。」と記述している。これらを単元のゴールに向かって粘り強く取り組もうとする意欲と捉えた。また，「plate」と「clay」がとても似ていたという記述から，JTEの発音をよく聞き，「a」の音の特徴に気づくことができているとわかる。よって，振り返りシート分析では，評価Aとした。児童Aの授業の実際の姿としても，評価Aであったため，本単元における「主体的に学習に取り組む態度」の観点は評価Aとした。

　児童Bは，1単位時間ごとの振り返りをしている様子は読み取ることができた。しかし，「（ゲームが）難しかったです。」「（ゲームが）2，3回クリアできてうれしかったです。」のように，活動ができたかどうかの記述が多く，気づきや意欲が伺える記述が十分には見られなかったため，振り返りシート分析では評価Bとした。児童Bに関しては，実際の授業の姿においても評価Bであったため，本単元における「主体的に学習に取り組む態度」の観点は評価Bとした。

6 Greeting

本時の板書

学習後の様子

図画工作科の学習で，外国語活動で集めた材料を使って作品を製作する児童

児童が製作した作品

単元指導計画及び評価計画（全5時間）

	目標◆と主な活動【　】○ 【　】は誌面化されている活動	知技	思判表	主	評価規準＜方法＞
第一時	（→図画工作科第一時 　夢や願いをイメージしたオブジェをつくるというイメージをもち，外国語活動で材料を集めることを知る。） ◆材料の言い方を，聞いたり言ったりして慣れ親しむ。 ○キーワードゲーム　○集中力ゲーム				本時では記録に残す評価は行わないが，目標に向けて指導を行う。
第二時	◆ほしいものを尋ねる言い方を，聞いたり言ったりして慣れ親しむ。 ○材料の言い方を想起し，練習する。 ○1人カルタ　○カルタ（ペア）【Let's Chant】				本時では記録に残す評価は行わないが，目標に向けて指導を行う。
第三時	◆ほしいものを答える言い方を，聞いたり言ったりして慣れ親しむ。 【Let's Chant】　○集中力ゲーム　○Go! ゲーム （→図画工作科第二時 　夢や願いをイメージした立体の設計図を作成し，作品づくりに必要なおおよその材料の種類や数を確認する。）				本時では記録に残す評価は行わないが，目標に向けて指導を行う。
第四時	◆ほしいものを尋ねたり答えたりする言い方を使って，ほしい材料を尋ねたり答えたりする。 【Let's Chant】What do you want? ○材料の言い方を想起し，練習する ○Let's Listen　○集めよう！材料カード				本時では記録に残す評価は行わないが，目標に向けて指導を行う。
第五時（本時）	◆ほしいものを尋ねたり答えたりする言い方や，数を尋ねたり答えたりする表現を使って友だちと伝え合う。 【Let's Chant】What do you want? ○材料の言い方を想起し，練習する。 ○図画工作科の材料を集める →（図画工作科第三時～第六時 　作品を製作する。）	話や	話や		【話や】思 作品の材料を集めるために，ほしいものやその数，色などを尋ねたり答えたりして伝え合っている。＜行動観察，集めた材料点検，振り返りシート点検・分析＞ 【話や】主 材料を集めるために，相手に伝わるように工夫しながら，ほしい材料について尋ねたり答えたりして伝え合おうとしている。＜行動観察，集めた材料点検，振り返りシート点検・分析＞

ふるさとメニューを注文しよう。
～全国の給食メニューを Mark先生と食べよう～
（NEW HORIZON Elementary English Course 5 Unit 6）

【他教科関連教科・領域】
社会科　これからの食料生産
家庭科　栄養バランスのよい食事

【重点評価領域】
「聞くこと」
「話すこと（やり取り）」

単元目標

みんなで食べる給食メニューを決めるために，丁寧に注文したり会計したりする表現を使って，友だちが調べた給食メニューについて具体的な情報を聞き取ったり，相手に伝わるように，自分が調べた日本各地の給食メニューについて伝え合ったりできる。

本単元における評価規準

	知識・技能	思考・判断・表現	主体的に学習に取り組む態度
聞くこと	食べ物や値段の言い方や味，注文の際の丁寧な言い方について理解し，それらを使って，注文したり会計したりする技能を身につけている。	相手の考えた給食メニューをよく知るために，食べ物や味など具体的な情報を聞き取っている。	複数単元にまたがって評価を行うため，本単元では記録に残す評価は行わない。
話すこと［やり取り］	食べ物や値段の言い方や味，注文の際の丁寧な言い方について理解し，それらを使って，注文したり会計したりする技能を身につけている。	自分の考えた給食メニューを知ってもらうために，食べ物や味などメニューについての具体的な情報を伝え合っている。	複数単元にまたがって評価を行うため，本単元では記録に残す評価は行わない。

※以下，聞くことは「聞」，話すこと［やり取り］は「話や」，話すこと［発表］は「話発」と省略。

本単元における主な活動の流れ（全8時間） ◆目標 ○主な活動

第一時
◆丁寧に注文したり注文を受けたりすることができる。
○Small Talk ○単元計画づくり ○Chant ○BINGO

第二時
◆1000より小さい数の言い方を知り，値段を尋ねたり答えたりすることができる。
○Chant ○カルタゲーム ○Fox Hunting

第三時
◆丁寧に注文したり，会計したりすることができる。
○Chant ○カルタゲーム ○インタビュー ○書いてみよう

第四時
◆値段や栄養バランスを考えながら，丁寧に注文したり会計したりすることができる。
○Chant ○Small Talk ○インタビュー ○書いてみよう

第五時
◆日本各地の給食メニューについて友だちと伝え合うことができる。
○Small Talk ○Chant ○Card Talk ○書いてみよう

第六時
◆九州各地の給食メニューについて，尋ねたり丁寧に注文したり会計したりすることができる。
○Chant ○オリジナルのメニュー表をつくろう

第七時
◆みんなで食べる給食メニューを決めるために，オリジナルメニュー表を使って友だちと丁寧に注文し合うことができる。
○Chant ○篠栗小レストラン

第八時（本時）
◆みんなで食べる給食メニューを決めるために，オリジナルメニュー表を使って友だちとメニューについて尋ね合ったり丁寧に注文し合ったりすることができる。
○Small Talk ○篠栗小レストラン ○みんなで食べる給食メニューを投票する

本時学習過程と評価の実際

① Greeting and Warm-up　はじめの挨拶をする

② Warm-up　Small Talk

> HRT: Look at TV.（テレビにがめ煮の写真を提示）Do you know this?
> C all: What's this?
> HRT: It's Gameni.
> C all: What's food?
> HRT: It's vegetable.
> C all: What's taste?
> HRT: It's soy sauce taste. Please eat.
> C all: Uh~n. No,,,.
> HRT: Mark sensei, please eat.
> ALT: Uh~n, it's OK. I don't know. What's vegetable?
> HRT: マーク先生は，食べてみたくないのかな？　もう1回説明してみるね。
> 　　　It's Gameni. It's soy sauce taste. Healthy menu. Many vegetables and chicken.
> ALT: Healthy? Chicken?
> HRT: Yes. Chicken, carrot. Many vegetables. It's sweet and a little bit salty, but it's healthy. It's delicious. Please eat.
> ALT: OK, I will try this one.
> HRT: マーク先生は，最初，断ろうとしたけど，最後は Ok してくれましたね。何が違ったのかな？
> C all: 料理のことを詳しく伝えたこと。話を聞いておいしそうに感じた。

※本時のやり取りは，メニュー名，味，具材を伝え合う活動になる。ただ伝え合うだけでは，相手にそのメニューのよさは伝わらないことを確認し，この後の活動でどのような工夫をすれば，より相手におすすめできるのかを確認するために Small Talk を行った。

③ Today's goal　本時のめあてを確認する。

④ Main Activity ①　みんなで食べる給食メニューを決めるために，オリジナルメニュー表を使って友だちと丁寧に注文し合う。

領域 / 方法	【話や】（思・判・表）/ 担任と ALT による行動観察，振り返りシート点検・分析 （必要があれば授業後に録画したものを視聴）
評価規準	友だちや ALT に自分の考えた給食メニューを知ってもらうために，メニューについての具体的な情報を伝え合っている。
評価基準	A：味や具材などについて，尋ねられたこと以外に簡単な語句や基本的な表現を使って自ら情報を伝え合っている。 B：味や具材などについて，尋ねられたこと以外に簡単な語句を使って自ら情報を伝え合っている。 C：相手に尋ねられたことだけに答えている。

> 【会話1】
> C1: Hello. What would you like?
> ALT: What's this?
> C1: It's Nappa korokke.
> 　　❶ It's cream and vegetable.（メニューを指しながら）
> 　　❷ It's creamy and delicious.
> ALT: OK. Sounds really good. What's this?
> C1: It's Esukaroppu. ❸ It's from Hokkaido.
> 　　❹ It's rice in pork, tomato sauce.
> ALT: Let me have korokke please.
> C1: OK. Nappa korokke,…．（注文を繰り返しながら，メニュー表の裏に貼っている「なっぱころっけ」の付箋を一枚外す）
> 　　Here you are. Thank you.
> ALT: Thank you very much.
> C1: You're welcome.

【ALT に給食のメニューについて伝える様子】

　会話１のＣ１は，尋ねられたメニューについて，メニュー名に加えて❶❹具材など料理の説明や❷味，❸どこの郷土料理かについての情報を簡単な語句や表現を使って自ら伝えていることから，評価Ａとした。

会話2

C2: Hello. What would you like?
ALT: I'd like ,,,. What's this?
C2: It's Sakana udon no sumashiziru.
　　❶ Egg and noodle. ❷ Salty.
ALT: What's this?（魚うどんのすまし汁の具材を指して）
C2: Uh~n, wakame.（小声で）
ALT: OK. What's this?（他のメニューを指して）
C2: It's Katsuomeshi. ❸ Fish. And cut.
ALT: And rice?
C2: Yes.
ALT: OK, this one please.
C2: OK, here you are. Thank you.

【ALTに自分の考えた給食メニューについて伝える様子】

　会話2のＣ2は，尋ねられたメニューについて，メニュー名に加えて❶❸具材など料理の説明や❷味についての情報を自ら伝えている。しかし，簡単な語句のみで伝えていることから，評価Ｂとした。

　子どもが自由にインタビュー活動する中では，1時間の授業で子どもの話す内容や表現の変容を見取るのは難しいです。

POINT

　1単位時間の中で全員の子どもの話す内容，表現等を見取ることは現実的ではありませんね。一人の先生で授業を行っていたらなおさらです。また話す相手によりパフォーマンスにも違いが生じてくるものです。例えば，インタビューの活動では，必ず一度は先生にも尋ねることにしておけば，そこで様子を見取ることができます。複数の先生で授業を行う場合は，見取る観点や基準を共有すれば，同じように評価することもできます。

⑤ Main Activity ②　聞いた情報をもとに, 食べたい給食メニューを決定し, 理由と一緒にふるさとメニュートレーに書いて投票する。

領域／方法	【聞】（思・判・表）／ふるさとメニュートレー点検・分析
評価規準	自分が食べたい給食メニューを決定するために，味や具材などの具体的な情報を聞き取っている。
評価基準	A：給食メニューの選択理由について，友だちから聞いた具体的な情報と自分の好みを関連付けて選択したことがわかる記述がある。 B：給食メニューの選択理由について，友だちから聞いた具体的な情報をもとに選択したことがわかる記述がある。 C：給食メニューの選択理由について，友だちから聞いた具体的な情報をもとに選択したことがわかる記述がない。

子どものふるさとメニュートレーより抜粋

児童A
私はお餅が大好きで，説明を聞いたときに，具材にお餅が入っていたし，味付けもおいしそうだったから「やせうま」を選びました。

評価の実際

　児童Aのふるさとメニュートレーには，給食メニューに「やせうま」を選んだ理由として，まず，餅が入っているという，友だちから聞いた具体的な情報が書かれている。さらに，自分の好きな食べ物が餅であること，味が自分の好みであることが書かれていることから，自分の好みと関連付けて選択していることがわかる。友だちから聞いた情報と自分の好みを関連付けているので，評価Aとした。

児童B
「キムタクごはん」と「だご汁」は，入っている具材を詳しく教えてくれたし，おいしそうにも言ってくれたから選びました。

評価の実際

　児童Bは，選んだ理由として具材についての具体的な情報の記述はないが，「詳しく教えてくれた」の記述から，具材についての具体的な情報を聞いたことがわかる。しかし，自分の好みと関連付けた記述がないため，評価Bとした。

?
　やり取りの中で，子どもが思考・判断しながら「聞く姿」を見取ることは難しいです。ワークシートなどに記述させていますが，その際のポイントはどのようなことですか。

POINT
　「思考・判断・表現」の観点で評価を行う際には，目的・場面・状況のある言語活動が必須です。その活動において，目的・場面・状況に応じて適切に聞いているかを見ます。聞いた内容は，子どもの中にあり表出させないと判断することは難しいため，ワークシートなど，言語化，可視化させる工夫があるといいですね。

⑥ Closing remarks　本時の学習と本単元全体の自分の学びを振り返り，シートに書く。

⑦ Greeting　終わりのあいさつをする。

本時の板書

単元指導計画及び評価計画（全8時間）

	目標◆と主な活動【 】○ 【 】は誌面化されている活動	知技	思判表	主	評価規準＜方法＞
第一時	◆丁寧に注文したり注文を受けたりすることができる。 ○Small Talk 【Starting Out】 ○単元計画づくり ○Chant ○BINGO 【Let's Try2】				本時では記録に残す評価は行わないが，目標に向けて指導を行う。
第二時	◆1000より小さい数の言い方を知り，値段を尋ねたり答えたりすることができる。 ○Chant 【Starting Out】 ○カルタゲーム ○Fox Hunting 【Let's Try3】				本時では記録に残す評価は行わないが，目標に向けて指導を行う。
第三時	◆丁寧に注文したり，会計したりすることができる。 ○Chant ○カルタゲーム ○インタビュー ○書いてみよう	聞・話や			【聞】知技 食べ物や値段の言い方，注文の際の丁寧な言い方について理解し，それらを使って，注文したり会計したりする技能を身につけている。＜行動観察・振り返りシート点検＞ 【話や】知技 食べ物や値段の言い方，注文の際の丁寧な言い方について理解し，それらを使って，注文したり会計したりする技能を身につけている。＜行動観察・振り返りシート分析＞

目標◆と主な活動【　　】○　【　　】は誌面化されている活動	知技	思判表	主	評価規準＜方法＞
第四時 ◆値段や栄養バランスを考えながら，丁寧に注文したり会計したりすることができる。 ○Chant ○Small Talk 【Let's Try4】 ○インタビュー 【Let's Listen1】 【Let's Listen2】 ○書いてみよう	聞・話や			【聞】知技 食べ物や値段の言い方，注文の際の丁寧な言い方について理解し，それらを使って，注文したり会計したりする技能を身につけている。＜行動観察・テキスト点検＞ 【話や】知技 食べ物や値段の言い方，注文の際の丁寧な言い方について理解し，それらを使って，注文したり会計したりする技能を身につけている。＜行動観察・振り返りシート分析＞ ※第3時のインタビューで習得が不十分だった児童については，改めて評価する機会とする。
第五時 ◆日本各地の給食メニューについて友だちと伝え合うことができる。 【Let's Chant】How much is it? ○Small Talk ○Chant ○Card Talk 【Over the Horizon Challenge】 ○書いてみよう				本時では記録に残す評価は行わないが，目標に向けて指導を行う。
第六時 ◆九州各地の給食メニューについて，尋ねたり丁寧に注文したり会計したりすることができる。 ○Chant 【Enjoy Communication】 ○オリジナルのメニュー表をつくろう	聞・話や			【聞】知技 食べ物や値段の言い方や味，注文の際の丁寧な言い方について理解し，それらを使って，注文したり会計したりする技能を身につけている。＜行動観察・振り返りシート点検＞ 【話や】知技 食べ物や値段の言い方や味，注文の際の丁寧な言い方について理解し，それらを使って，注文したり会計したりする技能を身につけている。＜行動観察・振り返りシート分析＞ ※第4時のインタビューで習得が不十分だった児童については，改めて評価する機会とする。
第七時 ◆みんなで食べる給食メニューを決めるために，オリジナルメニュー表を使って友だちと丁寧に注文し合うことができる。 ○Chant ○篠栗小レストラン	聞・話や	話や		【聞】知技 味や注文の際の丁寧な言い方について理解し，それらを使って，注文する技能を身につけている。＜行動観察・振り返りシート点検＞ 【話や】知技 味や注文の際の丁寧な言い方について理解し，それらを使って，注文する技能を身につけている。＜行動観察・振り返りシート分析＞ ※第6時のEnjoy Communicationで習得が不十分だった児童については，改めて評価する機会とする。 【話や】思 自分の考えた給食メニューを知ってもらうために，食べ物や味などメニューについての具体的な情報を伝え合っている。＜行動観察・振り返りシート点検・分析＞
第八時（本時） ◆みんなで食べる給食メニューを決めるために，オリジナルメニュー表を使って友だちとメニューについて尋ね合ったり丁寧に注文し合ったりすることができる。 ○Small Talk ○篠栗小レストラン ○みんなで食べる給食メニューを投票する		聞・話や		【聞】思 相手の考えた給食メニューをよく知るために，食べ物や味など具体的な情報を聞き取っている。＜ふるさとトレー点検・分析＞ 【話や】思 自分の考えた給食メニューを知ってもらうために，食べ物や味などメニューについての具体的な情報を伝え合っている。＜行動観察・振り返りシート点検・分析＞

食物連鎖について発表しよう。
～絶滅危惧種について発表しよう～
（NEW HORIZON Elementary English Course 6 Unit 5）

【他教科関連教科・領域】
理科
生き物と地球環境

【重点評価領域】
「聞くこと」
「話すこと（発表）」

単元目標

　絶滅危惧種について知り，自分にできることを考えるために，それらの生き物が住んでいる場所や食べているものや絶滅の理由などについて，短い話を聞いてその概要を捉えたり，調べたことや考えたことを話したりすることができる。

本単元における評価規準

	知識・技能	思考・判断・表現	主体的に学習に取り組む態度
聞くこと	生き物や自然の言い方，Where do ～ live?，～ live in …，What do ～ eat…. などについて理解している。生き物の名前や住んでいる場所，食べているものなどについて聞き取る技能を身につけている。	絶滅危惧種についての発表を聞いて自分にできることを考えるために，それら生き物が住んでいる場所や食べているもの，絶滅の理由など具体的な情報を聞き取っている。	絶滅危惧種について知るために，住んでいる場所や食べているもの，絶滅の理由などを聞き取ろうとしている。
話すこと［発表］	生き物や自然の言い方，Where do ～ live?，～ live in …，What do ～ eat…. などについて理解している。生き物の名前や住んでいる場所，食べているものなどについて伝える技能を身につけている。	絶滅危惧種について知ってもらうために，それら生き物が住んでいる場所や食べているもの，絶滅の理由を既習の簡単な語句を用いて伝えている。	絶滅危惧種について伝えるために，住んでいる場所や食べているもの，絶滅の理由などを話そうとしている。

※以下，聞くことは「聞」，話すこと［やり取り］は「話や」，話すこと［発表］は「話発」と省略。

本単元における主な活動の流れ（全8時間）　◆目標　○主な活動

第一時
◆学習課題を確かめ，いろいろな生き物の言い方を理解する。
○学習計画を立てる　○ポインティングゲーム

第二時
◆生き物が住んでいる場所を尋ねたり答えたりすることができる。
○キーワードゲーム　○Card Talk（生き物が住んでいる場所）

第三時
◆生き物が何を食べるのかを尋ねたり答えたりすることができる。
○キーワードゲーム　○Card Talk（生き物が食べているもの）

第四時
◆生き物がどこに住み，何を食べているか，尋ねたり答えたりすることができる。
○Card Talk（生き物が住んでいる場所・生き物が食べているもの）　○リスニングテスト

第五時
◆生き物が絶滅しそうな理由の言い方を聞いて，意味を捉えることができる。
○Small Talk　○Let's Listen 3

第六時
◆生き物が絶滅しそうな理由の言い方を考え，聞いたり言ったりすることができる。
○Small Talk　○グループトーク　○プレゼンシートをつくる

第七時
◆絶滅危惧種について調べたことを伝える表現を高めながら，友だちや先生に話すことができる。
○Small Talk　○グループプレゼン

第八時（本時）
◆自分にできることを考えるために，絶滅危惧種について調べたことを伝えることができる。
○Small Talk　○プレゼンテーション　○友だちの発表を聞いて，自分にできることを書く

本時学習過程と評価の実際

① Greeting　♪【Let's Chant】Sea turtles, sea turtles, where do you live?

② Warm-up　Teacher's Talk

> What's this? This is a stag beetles.
> Where do stag beetles live? Stag beetles live in the forest.
> What do stag beetles eat? Stag beetles eat tree syrup.
> But, now, people cut down many many trees.
> We all live on the Earth. Please keep forest. Thank you for listening.

※本来であれば，6年生の Small Talk は児童同士がやり取りを行うが，本時では，メインの活動でそれぞれが発表を行うため，省略した。メインの活動で，子どもたちが行う発表内容の大まかな流れや表現を想起させるために行った。

③ Today's goal　本時のめあてを確認する。

④ Main Activity ①　各ブースに分かれて，絶滅危惧種に関する発表をしたり聞いたりする。

＜話すことの評価＞

領域 / 方法	【話発】（思・判・表）/ 担任による行動観察（必要があれば授業後に録画したものを視聴）
	【話発】（主体的に学習に取り組む態度）/ 担任による行動観察（必要があれば授業後に録画したものを視聴）
評価規準	思 絶滅危惧種について知ってもらうために，それら生き物が住んでいる場所や食べているもの，絶滅の理由を既習の簡単な語句を用いて伝えている。
	主 絶滅危惧種について伝えるために，住んでいる場所や食べているもの，絶滅の理由などを伝えようとしている。
評価基準	思 A：相手により詳しく知ってもらうために，絶滅の理由について既習の簡単な語句や表現を用いて新たな情報を付け加えたり，相手の様子や反応に応じて表現を変えたりして伝えている。 B：相手により詳しく知ってもらうために，絶滅の理由について既習の簡単な語句を用いて伝えている。 C：本単元の表現のみを使って伝えている。
	主 A：相手により詳しく知ってもらうために，絶滅の理由について既習の簡単な語句や表現を用いて新たな情報を付け加えたり，相手の様子や反応に応じて表現を変えたり，言語以外の方法も用いて伝えたりしようとしている。 B：相手により詳しく知ってもらうために，絶滅の理由について既習の簡単な語句を用いて伝えようとしている。 C：本単元の表現のみを使って伝えようとしている。

会話1

C1: Hello. ❶（聞き手にポスターが見えるように示しながら）What's this?
C2: This is a koala.
C1: Yes. That's right. What do koalas eat?
C2: Koalas eat eucalyptus?
C1: That's right. Koalas eat eucalyptus.
C1: Where do koalas live?
C2: Koalas live in the forest.
C1: That's right. Koalas live in the forest. But, no forest. We all live on the Earth. Please keep the nature.
C2:（首をかしげながら）❶ Nature ？
C1: ❷（ポスターのイラストを指して）❶ This is tree. This is river.
C2: ❷ Umm…. Nature ？
C1: Yes. ❷ Nature is tree and river…. ❸（ポスターの山を指して）
C2: ああ！
C1: ❹ OK?
C2: Yes! ❸ Koala 絶滅 why?
C1: Koalas live in Australia. ❸ Australia mountain fire.
C2: Mountain fire? 山火事？
C1: Yes, yes. Thank you for listening.

会話1におけるC1は、相手が首をかしげる様子から"nature"の意味がわかっていないのだと判断しnatureについての説明を加えている（赤下線部❶）。1回目の説明でまだ伝わっていないと感じ、再度伝えようと粘り強く発話しようとしている姿が見られた。（赤下線部❷）また、絶滅の理由は何かと尋ねられた際に、山火事になったことを既習語句を用いて伝えようとしていた。（赤下線部❸）さらに、言語以外の方法を用いて伝えようとしたり（青下線部❶❷❸）、相手の理解を確かめたりしようとする様子が見られたことから（青下線部❹）、「思考・判断・表現」「主体的に学習に取り組む態度」を評価Aとした。

会話2

C3: Hello. What's this?
C4: It's a hawk.
C3: Yes. Where do hawks live?
C4: Mountain?
C3: That's right. Hawks live in the mountain. Where do hawks eat?
C4: Snakes?
C3: No, sorry.
C4: Mouse?
C3: No, sorry. Hawks eat rabbits.
　❹ Forest, getting small and small. People, trees many many cut. Not trees cut. Thank you for listening.

Wallabys live in the savanna.

会話2におけるC3は絶滅の理由について知っている語句を使って伝えようとし、また、そのようにしていた（赤下線部❹）が、ポスターの示し方が不十分であったり、相手の理解を確かめる様子が見られなかったりしたので、「思考・判断・表現」「主体的に学習に取り組む態度」いずれも評価Bとした。

「話すこと〔発表〕」の「思考・判断・表現」では、どのような姿を見取ればよいですか。

POINT

「話すこと〔発表〕」の「思考・判断・表現」では、伝える相手の反応を見ながら、よりわかってもらうためにどう発表しているかを見ます。相手の反応も意識せず、ただ記憶したことの発表では、相手意識のある発表の姿とは言えないでしょう。相手意識をもち、自分の伝えたいことをよりわかってもらうために、発表の場の状況に応じて、言葉を選んで発表している姿を見取っていきます。

④ Main Activity ②　発表をもとに、自分にできることを考えてワークシートに書く。

＜聞くことの評価＞

領域／方法	【聞】（思・判・表）／第8時のやり取りの後、ワークシートに記入したものをもとに分析
評価規準	友だちが調べた絶滅危惧種の話を聞いて、自分にできることを考えてワークシートに書いている。
評価基準	A：友だちの発表を聞いて内容を捉えたことを<u>根拠として挙げ</u>、より自分事として自分にできることを考えている。 B：友だちの発表を聞いて、自分にできることを考えている。 C：自分の考えをもつことができていない。

～発表後の児童のワークシート記述から～

児童A

〇〇さんの、「山や森、川だけでなく自然全体をきれいにしましょう。」という発表を聞い<u>て</u>、落ちているごみなどを回収するボランティアに入ってみたいと思いました。

児童B

ぼくは、△△さんの発表を聞いて、<u>全体的に、木を伐採して絶滅してしまった動物が多かった</u>と思いました。だから、これからは、普段使っている紙を大切にしていきたいなと思いました。

児童C

　友だちの発表を聞いて，「ごみはすてない」や，「紙を大切にする」というところを気をつけたいと思いました。

児童D

　絶滅危惧種についていろいろ知ることができたし，絶滅危惧種を守るための取組などを知ることができてよかったです。

評価の実際

　児童AとBはどのような発表内容から自分の考えをもったかが書かれていたので評価Aとした。

　児童Cに関しては根拠となった発表内容が書かれていなかったが，自分の考えはもてているので評価Bとした。

　児童Dは，自分の考えを書くことができていないので評価Cとした。

　対話の中で，子どもが何かを知るために質問する姿も「聞くこと」の「思考・判断・表現」として見取ってもよいのでしょうか。

POINT

　対話活動において「聞くこと」の「思考・判断・表現」を評価すると設定しているのであれば，相手をより知るために質問し，答えてもらったことを聞いて，ほしい情報や話の概要を捉えた姿として評価することもできます。ただし，聞きたいことはそれぞれ異なるため，必要な情報を聞き取り，理解することができたかを判断し評価することは，指導者にとって少し困難であると感じます。

＜聞くことの評価＞

領域／方法	【聞】（主体的に学習に取り組む態度）／行動観察（必要があれば授業後に録画したものを視聴）
評価規準	絶滅危惧種について知るために，住んでいる場所や食べているもの，絶滅の理由などを聞き取ろうとしている。
評価基準	A：相手の言ったことを確かめたり質問をしたりするなど，わかるまで聞こうとしている。 B：相手の言ったことにうなずいたり，"OK."と反応をしたり，わからなかったところは質問したりしてわかるまで聞こうとしている。 C：何も反応せずに聞いている。

評価の実際

　会話1におけるC2は，一度C1の発表を聞いているが，そのときよくわからなかったため再度C1の発表ブースに自ら行き二度目の発表を聞いているという場面である。会話1におけるC2は，"nature"の意味がわからず"nature?"と尋ねている（緑下線部❶）。説明を受けたがそれでもわからず，再度"nature?"と尋ねている（緑下線部❷）。また，絶滅の理由がわからなかったため"Koala, 絶滅 why?"と尋ねていた。このように，絶滅の理由を知るという目的に向かって聞く相手を選択したり，質問したりしようとしているので，「主体的に取り組む態度」に関しては評価Aとした。

本時の板書

5 Closing remarks　本時の学習と本単元全体の自分の学びを振り返り，シートに書く。

領域 / 方法	主体的に学習に取り組む態度 / 振り返りシート記述分析
評価規準	①知識及び技能を獲得したり，思考力，判断力，表現力等を身につけたりすることに向けた粘り強い取組を行おうとしている。 ②①の粘り強い取組を行おうとする中で，自らの学習を調整しようとしている。
評価基準	A：①と②，両方に関する具体的な記述が見られる。 B：①と②，両方に関する記述が見られる。 C：①と②，いずれに関する記述も姿も見られない。

単元を通しての学びを，児童も教師も把握できるよう，1枚のシートに全時間がおさまるように作成してみたよ！

児童E

Unit5　We all live on the Earth.　名前

	初めて知ったこと・できるようになったこと・ 自分ががんばったこと・友達のよかったところ	むずかしかったこと・困ったこと・もっとできるようになりたいこと
①	自分が調べた絶滅しそうな動物を英語で確認にんできてよかったです。○	長いのと短いのがあって長い方が言えなかったので言えるようになりたい
②	その動物がどこにいるなどの英語が言えるようになってよかったです。○	場所の英語でわからないところがあったので次は積極的に反応したいです。
③	どの動物なにを食べているのか言い方がわかってよかったです。○	カードでカエルやバッタを食べるの英語が言えなかったので次までに言えるようになりたいです。
④	友達との交流でこれまで学習した生息地や食べる物を会話ができてよかったです。◎	知っているのか，何を食べているのかなどを質問あるのが難しかったです。
⑤	少し絶滅危惧種の言い方がわかってよかったです。○	保護できるようにあるの言い方が知りたいです。
⑥	前より話せる内容が増えました。→それに前まで見ながらしか言えなかった住んでいる場所◎	などが見なくても言えるようになりました。新しくならったところがまだ言えないの同じなので次までおぼえ
⑦	班の人と交流してより言うことをおぼえられました。○	会話するとき⑤が言えるようになりたいです。だいです。
⑧	絶滅危惧種を聞き取ることができてよかったです。◎	自分たちにできる取り組みでつっかえてしまったので完ぺきに言えるようにしたいです。

児童F

Unit5　We all live on the Earth.　名前

	初めて知ったこと・できるようになったこと・ 自分ががんばったこと・友達のよかったところ	むずかしかったこと・困ったこと・もっとできるようになりたいこと
①	自分の調べた生き物の名前をおしえてもらったけど、いごにはっぴょう時とおもったらいえないかもしれないと思った○	次のときは、住んでいるところをおしえてもらうのでおぼえたいです。
②	今日、住んでいるところをおしえてもらったけど、①のときの名前といっしょにおぼえるのはむずかしいけどおぼえたい。○	どんどん絶滅危惧種を英語ではっぴょうする日がちがづいてきているのできんちょうしてきました。
③	今日、食べるものののいいかたをおしえてもらって、どんどんはっぴょうがちかづいているなと思いました。○	自分の絶滅危惧種のなまえをおぼえることができました。
④	何日も外国語がないひがつづ〜いていたのでわすれていたけどおもいだしてがんばりました!○	わすれないようにきをつけてやっていこうと思いいます。
⑤	ハシビロコウがぜつめつしそうになりとゆうのいいかたがすこしわかったのでよかったです。○	はっぴょうをきちんとしておこうと思いました。
⑥	ハシビロコウがぜつめつしそうになりゆうのいいかたがわかることができたのでよかったです。○	わからないことがあったらきちんときこうと思いました。
⑦	ハシビロコウがぜつめつしそうになりゆうをちがうグループの人とはなしあってふかめられました。○	わからないことがわかるようになったのでよかったです。
⑧	はっぴょう本番できんちょうしたけどうまくいえたのでよかったです。◎	みんな大声ではきはきといえていたのでよかったです。

評価の実際

　児童Eは，振り返りシートの記述において，「これまでの学習してきたことが言えるようになった」，「前よりも話す内容がふえた」「見ながらじゃなくても言えるようになった」「⑤が言えなかったので言えるようになりたい」と記述している。それらを単元のゴールに向かって粘り強く取り組もうとする意欲と捉えた。また，自分が課題だと感じていることを具体的に把握し，どのようにすれば解決できるか（できたか）という学習調整に関する記述も見られた。よって，振り返りシート分析では評価Aとした。児童Eの授業の実際の姿としては，評価Bであったため，本単元における「主体的に取り組む態度」の観点は評価Bとした。

　児童Fは，単元のゴールを意識し，毎時間できたことを振り返っている様子は読み取ることができた。しかし，「わすれないように気をつけてやっていこう」「発表をきちんとやっておこう」のように，何をどのようにやっていきたいのかという学習調整や粘り強さに関する具体的な記述が十分には見られなかったため，評価Bとした。児童Fに関しては，実際の姿においても評価Bであったため，本単元における「主体的に学習に取り組む態度」の観点としては評価Bとした。

振り返りシートを単元を通して使用できるようにすることで，評価にいかしやすそうですね。「主体的に学習に取り組む態度」を見取る際にできる工夫は何かありますか。

POINT

「主体的に学習に取り組む態度」の評価は，授業での行動観察とあわせて，子どもの振り返りシートを活用することで，子どもの学びの変容を把握することができますね。その際に，振り返りシートにただ感想を書かせるだけでは十分ではありません。前時までと現在の自分を比較し，どのようなことに取り組み，どのようなことができるようになったのか，そして次の学びにどう向かおうとしているのかといった振り返りの視点を与えるとよいでしょう。

単元指導計画及び評価計画（全8時間）

	目標◆と主な活動【　】○ 【　】は誌面化されている活動	知技	思判表	主	評価規準＜方法＞
第一時	◆学習課題を確かめ，いろいろな生き物の言い方を理解する。 【Starting Out】 ○学習計画を立てる。 ○ポインティングゲーム 【Let's Listen 1】【Let's Chant】				本時では記録に残す評価は行わないが，目標に向けて指導を行う。
第二時	◆生き物が住んでいる場所を尋ねたり答えたりすることができる。 【Let's Chant】【Starting Out】 ○キーワードゲーム　○Card Talk 【Let's Listen 2】【Let's Read and Write】				本時では記録に残す評価は行わないが，目標に向けて指導を行う。
第三時	◆生き物が何を食べるのかを尋ねたり答えたりすることができる。 【Let's Chant】【Starting Out】 ○キーワードゲーム　○Card Talk 【Let's Listen 2】【Let's Read and Write】	聞・話発			【聞】知技 生き物の名前や食べているものを聞き取ることができる。＜ Let's Listen 2 記述点検＞ 【話発】知技 生き物の名前や食べているものを尋ねたり答えたりしている。＜行動観察＞
第四時	◆生き物がどこに住み，何を食べているか，尋ねたり答えたりすることができる。 【Let's Chant】 ○Card Talk　○リスニングテスト	聞・話発			【聞】知技 生き物の名前や住んでいる場所，食べているものを聞き取ることができる。＜リスニングテスト＞ 【話発】知技 生き物の名前や住んでいる場所，食べているものを尋ねたり答えたりしている。＜行動観察，振り返りシート＞
第五時	◆生き物が絶滅しそうな理由の言い方を聞いて，意味を捉えることができる。 【Let's Chant】 ○Small Talk 【Let's Listen 3】 【Over the Horizon: Do you know?】				本時では記録に残す評価は行わないが，目標に向けて指導を行う。
第六時	◆生き物が絶滅しそうな理由の言い方を考え，聞いたり言ったりすることができる。 【Let's Chant】 ○Small Talk　○グループトーク ○プレゼンシートをつくる		話発		【話発】思 自分が調べた生き物が絶滅しそうな理由を，既習の簡単な語句を用いて伝えている。＜行動観察，振り返りシート分析＞
第七時	◆絶滅危惧種について調べたことを伝える表現を高めながら，友だちや先生に話すことができる。 【Let's Chant】 ○Small Talk　○グループプレゼン	聞・話発	話発		【聞】知技 生き物の住んでいる場所，食べているものを聞き取ることができる。＜行動観察，ワークシート＞ 【話発】知技 生き物の住んでいる場所や食べているものを尋ねたり答えたりしている。＜行動観察，振り返りシート点検＞ ※第4時のリスニングテストで習得が不十分だった児童については，改めて評価する機会とする。 【話発】思 生き物が絶滅しそうな理由を既習の簡単な語句を用いて伝えている。＜行動観察，振り返りシート分析＞
第八時（本時）	◆自分にできることを考えるために，絶滅危惧種について調べたことを伝えることができる。 【Let's Chant】 ○Small Talk　○プレゼンテーション ○友だちの発表を聞いて，自分にできることを書く。	聞・話発	聞・話発		【聞】思 絶滅危惧種の発表を聞いて自分にできることを考えるために，それら生き物が住んでいる場所や食べているもの，絶滅の理由など具体的な情報を聞き取っている。＜振り返りシート分析＞ 【話発】思 絶滅危惧種について知ってもらうために，それら生き物が住んでいる場所や食べているもの，絶滅の理由を既習の簡単な語句を用いて伝えている。＜行動観察＞ 【聞】主 絶滅危惧種について知るために，住んでいる場所や食べているもの，絶滅の理由などを聞き取ろうとしている。＜行動観察，振り返りシート分析＞ 【話発】主 絶滅危惧種について伝えるために，住んでいる場所や食べているもの，絶滅の理由などを話そうとしている。＜行動観察，振り返りシート分析＞

Small Talk

　中学年では主に，指導者のまとまった話を聞くことを中心に行っています。その際，イラストや写真などを示すことで，児童が楽しく聞けるようにしています。そのような楽しい雰囲気の中で，前回の学習を想起したり，単元や本時の見通しをもったりすることにつなげています。高学年では，前時，あるいはそれ以前に学習した表現を繰り返し使ったり，相手のことをより理解するために反応・質問したりするよさを味わいながら児童同士で伝え合っています。中・高学年いずれにおいても，自分の本当の気持ちや考えを話すようにしています。

③ 年生　Unit 7　This is for you　〜カードをおくろう〜　2／5 時

●ねらい…前時に児童は形の言い方に出合っている。形の言い方を思い出させるために行った。

> HRT: Good morning, everyone.
> 　　　How are you?
> 　　　I ate おでん　yesterday.
> 　　　Do you like おでん？
> 　C: Yes.
> 　　　Yes, I do.
> HRT: What kind of おでん　do you like?
> 　C:こんにゃく！　だいこん！　あつあげ！
> HRT: What shape is こんにゃく？
> 　C:三角！
> 　　　四角！
> HRT: 三角, in English ?　—　Yes, It's triangle.
> 　　　四角, in English ?　—　Yes, It's rectangle.
> 　　　（同様に2〜3種類のおでんの具材を取り上げ，いろいろな形の言い方を思い出させる。）
> HRT: What shape is だいこん？
> 　　　What shape is あつあげ？

④ 年生　Unit 9　This is my day.　〜ぼく・わたしの一日〜　2／5 時

●ねらい…単元末には児童がスピーチを行う。まとまった話を聞いて意味を理解したり，スピーチのイメージをもったりするために行った。

> （JTE がどんな生活を送っているかよく聞いて聞き取ろう，と児童に伝えてから『Small Talk』を開始する。）
> 　JTE: Hello !
> 　　C: Hello !
> 　JTE: I wake up at 6a.m.
> 　　　　I have breakfast.
> 　　　　I go to Sasaguri elementary school.
> 　　　　I go home.
> 　　　　I have dinner at 8p.m.
> 　　　　I go to bed at 11p.m.
> HRT: What time close Miki-sensei get up ?
> 　　C: It's Six.
> HRT: Yes, It's 6a.m.
> 　　　That's right!
> この後 JTE の一日について HRT が児童に尋ね，まとまった話の意味が理解できたか全体で確認する。

⑤ 年生 Unit 5　Where is the post office?　～オリジナルタウンで道案内をしよう。～　1／8時

●ねらい…①相手が「ぜひ行ってみたい。」と思う場所を伝えたいという思いをもたせたり，②既習の語句や
　　　　　表現を使うとよりくわしく伝え合ったりすることができることを全体で共有する。

> HRT: Do you know Tamaya?
> 　C: Tamaya? No. (店？スーパー？などのつぶやき声)
> HRT: It's a restaurant in Nanzoin. (たまやの写真を提示)
> 　C: Oh, I see. (知ってるかも。行ったことあるかも。などのつぶやき声)
> HRT: I like Tamaya's curry and rice. It's delicious. (カレーの写真を提示) It's a little bit spicy, but you can eat it.
> 　C: Oh~! 食べてみたい。I'm hungry.
> HRT: Please go to Tamaya and eat curry.
> 　C: Yes! Nanzoin?
> 　C: 南蔵院のどの辺ですか？
> HRT: OK. Where is this? (南蔵院の入り口の写真を提示)
> 　C: Nanzoin.
> HRT: Yes, this is the entrance of Nanzoin.Go straight a little. You can see Tamaya on your left.
> 　C: OK. へえ，入ってすぐのところか。

⑥ 年生 Unit 6　Let's think about our food.　～オリジナルカレーを発表しよう。～　3／8時

●ねらい…①第1時で出合った，"What did you eat for ～ ." の表現を想起し，慣れ親しむ。
　　　　　②会話を長く続けたり，相手とより伝え合ったりするために，既習表現の使用を促し定着を図る。

> HRT: What did you eat for breakfast today?
> ALT: I ate salad.
> HRT: Nice! What kind?
> ALT: Caesar salad.
> HRT: Sounds delicious! How about you, every one.
> 　　　What did you eat for breakfast?

First Talk Time

> HRT: やり取りしてみてどうだった？
> 　C: 友だちが食べたものがわかった！
> HRT: ○さん , What did △さん eat for dinner last night?
> 　　　(○○さんに，話をした△さんのことについて尋ねる。)
> 　C: He ate salad.
> HRT: Wow! salad?　Same (JTE)? Caesar salad?
> 　C: Um…. I don't know.
> HRT: Oh…. こういうときどうする？
> 　C: 何サラダか聞く！
> HRT: What do you say in English?
> 　C: What salad? とか？ Caesar salad? Sea food salad?
> 　　　って1つずつ聞く？
> HRT: Good idea! サラダ以外のことでも使えるかもね。
> 　　　Second talk time, start!

Second Talk Time

What bread?　I ate a croissant.

教えて！大田先生 ココが知りたい！ Q & A

 英語が苦手な子どもへどのような配慮をしたらよいですか？

 　外国語の授業は母語とは異なる言語を扱うため，どの子どもたちにとっても難しく感じるものであることを理解し，意味のある文脈の中で新しい語彙や表現と出合わせ，音声に十分に慣れ親しませることを丁寧に行うことを大切にしましょう。また，安心して発話できる温かい教室空間があることもとても大事です。どの子どもたちにとっても安心して発話でき，お互いを認め合いながら学ぶことができる支持的風土のある学級集団があることで英語への苦手感を少し軽減させることができます。授業においては，様子を観察しながら必要に応じて声かけをしたり，ペアやグループなどの構成メンバーを配慮したりする工夫もあります。英語を苦手と感じている子どもの言語活動での姿を大いに褒めたり，励ましたり，また，振り返りシートやワークシートへ称賛のコメントをしたりすることは，次時へ向けての意欲や自信にもつながっていくでしょう。

 相手意識をもたせるための手立てはありますか。

 　相手意識をどうもたせたらよいかは，単元構成においてとても大事です。子どもにとって一番身近な相手は学級の友だちでしょう。いつも同じ空間で生活している友だちを相手として設定する際に必要となるのは，お互いに知らない情報があることです。知っているようで実は知らないことを話題にし，知りたくなる場を設定することで相手意識をより高めることができます。また，子どもの身の回りの身近な人・もの・ことはどうでしょうか。例えば，校長先生や地域の方など，子どもの身近な人を取り上げることで内容に興味をもち，活動への意欲も高まるものです。どのような相手を設定するかは，日頃の学習との関わりも大きく影響します。ここでは，子どもの日常を十分に把握している学級担任の先生の力が存分に発揮できますね。

第3章

....

本校の取組

校内研修の取組

　本校では5年前から外国語の主題研修の取組を開始しました。初めは，「私が外国語の授業なんて…。」そんな声がありましたが，まずは，外国語の授業をやってみようという意識を大切にして研修を進めてきました。単元のつくり方は？　45分間の授業の流れは？　どんなコミュニケーション活動をしたら子どもたちが楽しいと感じるかな？など，担任が中心となって進める外国語の授業づくりを目指しました。

1. 日々の授業を大切に

　週に1時間，あるいは2時間の外国語の授業案を各学年ファイリングしていき，次年度の担任に残しています。本時のねらいや活動，ゲームのやり方やルールなどが書かれているのはもちろん，活動の意図や，ALTに話してほしい内容などもメモされています。毎年，このノートを参考に授業を行っていますが，よりよい授業になるよう，更新し，また次年度の担任へ…というように引き継がれていっています。

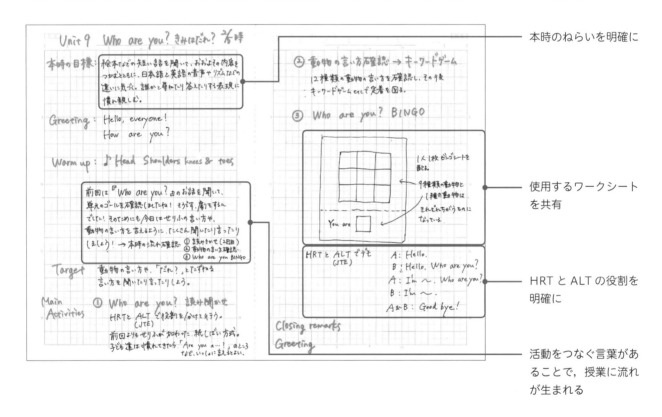

本時のねらいを明確に

使用するワークシートを共有

HRTとALTの役割を明確に

活動をつなぐ言葉があることで，授業に流れが生まれる

　先生方の授業づくりにおける様々なアイディアが，本校の財産になっています。このノートは，ALTやJTEの先生との打ち合わせにも使うので，共有して授業に臨むことができるというよさもあります！

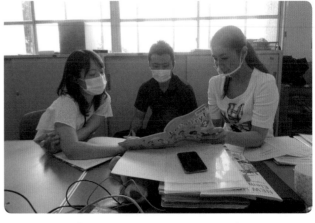

【JTEとの授業の打ち合わせの様子】

2. 授業研修で互いに学び合う

　全員が少なくとも年に一度行う授業研修は，互いに学び合う大切な場となっています。また，普段はなかなか見ることのできない他学年の外国語の授業づくりについても触れることのできる貴重な研修です。先生方の授業の進め方のよいところを見つけて「自分も取り入れてみよう！」と思ったり，「同じゲームでもバリエーションを変えてするのも楽しいな！」といった新たなアイディアをもらえたりもします。

一緒に楽しく！

News Mail

　授業研修後は，授業を参観した教員が授業中の児童の様子やついてまとめた News Mail を作成し，授業研修を見ていない教員も，授業の成果や課題を共有できるようにしました。

学習指導要領に対応した学習指導案の作成

　授業研修の際に作成する指導案の目標や評価の観点などについて，新学習指導要領だったらどうなるかな？という視点でも作成してみました。

3. 全員で高学年の評価を体験

　新学習指導要領全面実施に向けては，手探りの状態ではありましたが，高学年の評価場面（話すこと（やり取り）の思考・判断・表現）を全員で体験する全体研修を実施しました。低・中学年の担任，特別支援学級の担任も参加し，自分が高学年の担任として子どもたちの力を評価するとしたら…と，自分事として取り組みました。

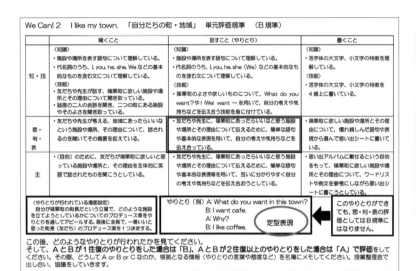

We Can! 2　I like my town.　「自分たちの町・地域」　単元評価規準　（B規準）		
	聞くこと	話すこと（やりとり）	書くこと
知・技	〈知識〉 ・施設や場所を表す語句について理解している。 ・代名詞のうち，I, you, he, she, We などの基本的なものを含む文について理解している。 〈技能〉 ・友だちや先生が話す，磯栗町に欲しい施設や場所とその理由について聞き取っている。 ・話面の二人の会話を聞き，二つの町にある施設やそのよさを聞き取っている。	〈知識〉 ・施設や場所を表す語句について理解している。 ・代名詞のうち，I, you, he, she (We) などの基本的なものを含む文について理解している。 〈技能〉 ・磯栗町のよさや欲しいものについて，What do you want? や I (We) want ～ を用いて，自分の考えや気持ちなどを伝える技能を身に付けている。	〈知識〉 ・活字体の大文字，小文字の特徴を理解している。 〈技能〉 ・活字体の大文字，小文字の特徴を4線上に書いている。
思・判・表	・友だちや先生が考える，地域にあったらいいなという施設や場所，その理由について，話されるのを聞いてその概要を捉えている。	・友だちや先生に，磯栗町にあたらしいなと思う施設や場所とその理由について伝えるために，簡単な語句や基本的な表現を用いて，自分の考えや気持ちなどを伝え合っている。	・磯栗町に欲しい施設や場所とその理由について，慣れ親しんだ語句や表現から選んで思い出シートに書いている。
主	・（目的）のために，友だちが磯栗町に欲しいと思っている施設や場所と，その理由を主体的に英語で話されたものを聞こうとしている。	・友だちや先生に，磯栗町にあったらいいなと思う施設や場所とその理由について伝えるために，簡単な語句や基本的な表現等を用いて，互いに分かりやすく自分の考えや気持ちなどを伝え合おうとしている。	・思い出アルバムに載せるという目的をもって，磯栗町に欲しい施設や場所とその理由について，ワードリストや例文を参考にしながら思い出シートに書こうとしている。

〈やりとりが行われている場面設定〉
自分が磯栗町の町長だという立場で，どのような施設を立てようとしているのかについてのプロデュース案をやりとりを通してアピールする。最後に全員で，一番いいと思った町長（友だち）のプロデュース案を1つ決定する。

やりとり（例）A: What do you want in this town?
B: I want cafe.
A: Why?
B: I like coffee.
定型表現

このやりとりができても，思・判・表の評価としてはB規準にはなりません。

この後，どのようなやりとりが行われたかを見てください。
そして，AとBが1往復のやりとりをした場合は「B」，AとBが2往復以上のやりとりをした場合は「A」で評価をしてください。その際，どうしてAかBかCなのか，根拠となる情報（やりとりの言葉や態度など）を名簿にメモしてください。授業整理会で出し合い，協議をしていきます。

　研修部が中心になって作成した，単元における評価規順シートを先生方に提案しました。これがあることで，該当単元で「どのような力をつけていけばいいのか」が明らかとなり，同時に，「どのような指導を意識していけばよいか」が具体的に見えてくることがわかりました。

どんな内容をどんな言葉で話しているかな？

ぼくだったら，この子をAと評価するかな…

見取った子どもの姿を評価し，それをもとに協議

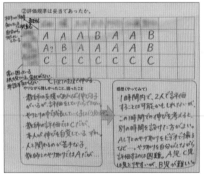

【授業整理会での協議シート】

　協議シートに整理することで，例えば，評定「A」と「B」の違いが難しいことや，単にやり取りの回数だけでは見取ることができないことなど，実際に評価を行う際のポイントや気づきを共有することができました。

4. 別府大学短期大学部初等教育科准教授　大田亜紀先生による講話

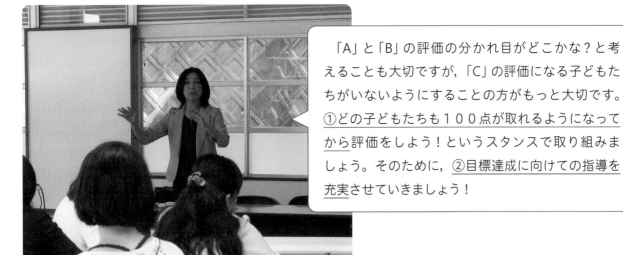

「A」と「B」の評価の分かれ目がどこかな？と考えることも大切ですが，「C」の評価になる子どもたちがいないようにすることの方がもっと大切です。①どの子どもたちも１００点が取れるようになってから評価をしよう！というスタンスで取り組みましょう。そのために，②目標達成に向けての指導を充実させていきましょう！

①児童生徒の学習改善につながるものにしていくこと。

②教師の指導改善につながるものにしていくこと。

③これまで慣行として行われてきたことでも，必要性・妥当性が認められないものは見直していくこと。

文部科学省 (2019)「児童生徒の学習評価のあり方について (報告)」

━━ 研修後の先生方からの感想 ━━

- ・思考力，判断力，表現力を評価するには，目的のある言語活動が必須だと感じた。
- ・定型文は言えるが，活発なコミュニケーションを図るには語彙を増やすことも大切だと思った。
- ・伝え合うことがねらいであれば，指導者は子どもたちの中に入って，子ども同士のやり取りを見取ったり，コミュニケーションでの支援が必要な子に寄り添ったりするなど，やり取りをする子どもたちの評価者であり支援者であるべきだと思いました。
- ・単に，会話の往復の回数では見取ることはできない。内容のまとまりを指導者が理解し評価するのは大切だとわかるしイメージとしては湧くが，実際やるとなると難しいし個人差が必ず生まれる。
- ・評価の難しさを感じた。直山先生が「教師の英語力」とおっしゃっていますが，授業の中だけでなく評価にも影響するのだと感じました。
- ・授業の最初と最後とでは評価が変わってしまうのではと感じて，評価や見取りの難しさを感じた。
- ・見取る方法のバリエーションをもっと知りたい！
- ・それだったら誰でもできるという評価の方法を知りたい！

評価への取組

1. 評価の実践　聞くこと

○知識・技能

第6学年　Unit 1　This is me!「自分についてスピーチをしよう。」

目標　名前や好きなこと，誕生日などについて，聞き取る技能を身につけている。

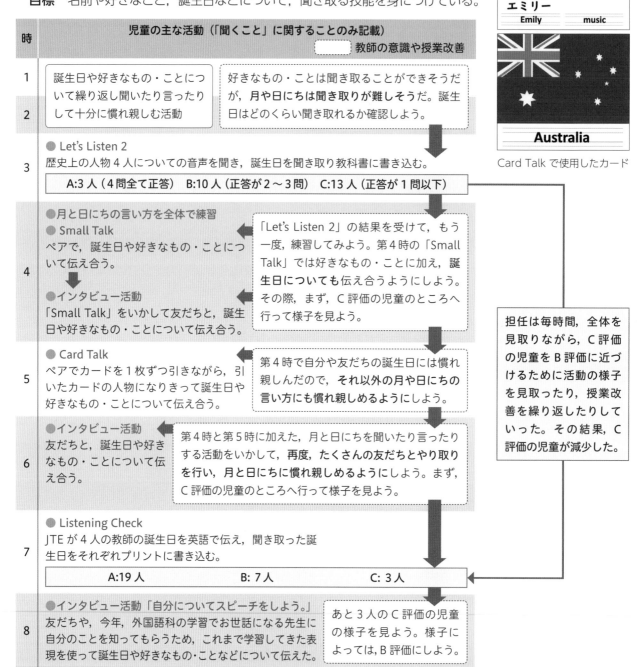

Card Talk で使用したカード

時	児童の主な活動（「聞くこと」に関することのみ記載）
	［　　　　］教師の意識や授業改善

1, 2　誕生日や好きなもの・ことについて繰り返し聞いたり言ったりして十分に慣れ親しむ活動

［教師の意識］好きなもの・ことは聞き取ることができそうだが，月や日にちは聞き取りが難しそうだ。誕生日はどのくらい聞き取れるか確認しよう。

3　● Let's Listen 2
歴史上の人物4人についての音声を聞き，誕生日を聞き取り教科書に書き込む。

A:3人（4問全て正答）　B:10人（正答が2〜3問）　C:13人（正答が1問以下）

4　●月と日にちの言い方を全体で練習
● Small Talk
ペアで，誕生日や好きなもの・ことについて伝え合う。

●インタビュー活動
「Small Talk」をいかして友だちと，誕生日や好きなもの・ことについて伝え合う。

［教師の意識］「Let's Listen 2」の結果を受けて，もう一度，練習してみよう。第4時の「Small Talk」では好きなもの・ことに加え，誕生日についても伝え合うようにしよう。その際，まず，C評価の児童のところへ行って様子を見よう。

5　● Card Talk
ペアでカードを1枚ずつ引きながら，引いたカードの人物になりきって誕生日や好きなもの・ことについて伝え合う。

［教師の意識］第4時で自分や友だちの誕生日には慣れ親しんだので，それ以外の月や日にちの言い方にも慣れ親しめるようにしよう。

担任は毎時間，全体を見取りながら，C評価の児童をB評価に近づけるために活動の様子を見取ったり，授業改善を繰り返したりしていった。その結果，C評価の児童が減少した。

6　●インタビュー活動
友だちと，誕生日や好きなもの・ことについて伝え合う。

［教師の意識］第4時と第5時に加えた，月と日にちを聞いたり言ったりする活動をいかして，再度，たくさんの友だちとやり取りを行い，月と日にちに慣れ親しめるようにしよう。まず，C評価の児童のところへ行って様子を見よう。

7　● Listening Check
JTEが4人の教師の誕生日を英語で伝え，聞き取った誕生日をそれぞれプリントに書き込む。

A:19人　　　B: 7人　　　C: 3人

8　●インタビュー活動「自分についてスピーチをしよう。」
友だちや，今年，外国語科の学習でお世話になる先生に自分のことを知ってもらうため，これまで学習してきた表現を使って誕生日や好きなもの・ことなどについて伝えた。

［教師の意識］あと3人のC評価の児童の様子を見よう。様子によっては，B評価にしよう。

　次の単元の Small Talk で月や日にちの語句を取り扱うなど，継続して慣れ親しみを図れるようにし，学期末には6年生全員を対象にパフォーマンステストを実施した。その中に，上記の「Listening Check」で取り上げた教師以外の人物の誕生日を聞き取る設問を入れ，誕生日を聞き取る技能が全ての児童にどれくらい身についているかを見取った。

<成果と課題>　○成果　●課題

○授業改善を行うことで，学習内容の定着が高まった。

●授業と授業の間が数日空くと表現を忘れている児童もいたので，その場合は練習時間を設けることが必要。

●1単位時間の授業の中で，担任1人で全体を見取りながらC評価の児童への支援を行う難しさがあった。

2. 評価の実践　話すこと（やり取り）

○思考・判断・表現

第5学年　Unit 1　Hello, friends.「名刺交換をしよう。」

目標　ALT に自分のことを知ってもらうために，名前やスペリング，食べ物・好きな色・動物・スポーツについて話している。

第8時のコミュニケーション場面

　新しい ALT に自分のことを知ってもらうため，自分の名前やスペリング，好きなものやことについて ALT とやり取りする場面を設定した。

＜評価方法＞

　単元前半で身につけた技能をどのようにいかして伝え合っているのかを，第8/8時に評価した。一度は必ず ALT とやり取りするよう児童に伝えておき，ALT の横に担任が名簿を持って立ち，ALT とやり取りする児童の評価を行った。

　右の写真の吹きだしにある4つの質問を ALT がランダムに尋ねることで，児童が，何を聞かれているか質問の内容を理解して答えるようにした。

> What food do you like?
> What color do you like?
> What animal do you like?
> What sport do you like?

＜評価規準＞

A	ALT に尋ねられた，好きな食べ物，色，動物，スポーツについての質問を理解し4つとも適切に答え，自分のことを伝えるための新たな情報を加えて伝えている。
B	好きな食べ物，色，動物，スポーツについての質問を理解し4つとも適切に答えている。
C	好きな食べ物，色，動物，スポーツについての質問に対して，ちぐはぐな答え方をしている。

　以上の観点を名簿に記載しておき，ALT も同じ観点で名簿に評価を行っていくようにした。また，ALT の横に定点カメラを設置して録画した。後日，担任と ALT が評価した名簿と録画の様子で，それぞれの評価の妥当性を検討した。

＜成果と課題＞　○成果　●課題

○録画し記録に残すことで，再度，評価の妥当性を確認することができた。

●児童同士のやり取りの場面で評価する場合，1人の児童を評価するのに時間がかかり，実際の45分間の授業の中で担任が全員を見取ることはとても難しかった。

●担任の支援者としての役割がおろそかになり，困っている児童への支援を行うことが難しかった。

　　→録画することで，後でも評価することができるため，支援が可能。

●思考・判断・表現の評価については，どの程度の話す技能をもった相手と会話するかによって評価が左右されることがある。誰と会話をするかが評価に影響する可能性があるため，児童同士のやり取りを平等に見取る難しさがあった。

5年生チャレンジシート（令和2年度7月上旬5年児童を対象に実施）※自校で作成

評価規準	知：色などの身近なものを表す語句や，ほしいもの，好きなことを表す基本的な表現を理解し，意味がわかるために必要な技能を身につけている。 思：先生が誕生日にほしいものやその理由を知るために，音声で十分に慣れ親しんだ語句や表現を読んで意味がわかっている。

だいきさんが自己紹介をしています。話していることを読んで，問題に答えましょう。

だいき

① Hello.

② My birthday is July 25th.

③ I like soccer.

④ I want a soccer ball.

⑤ I like blue.

知識・技能

❶ だいきさんが，自分の誕生日を話しているのは①〜⑤のどの文でしょうか。
①〜⑤の番号で答えましょう。

❷ だいきさんが，ほしいものについて話しているのは①〜⑤のどの文でしょうか。
①〜⑤の番号で答えましょう。

思考・判断・表現

❸ だいきさんにバースデーカードをわたすことにしました。あなたなら，A, B, C のうち，どのカードをわたしますか。
また，それはなぜですか。

【カード A】

【カード B】

【カード C】

私がわたすのはカード　　　　　です。

理由は，

理由の記述について，英文中のどの内容をもとに渡すカードを選んだかがわかるように記述させるように工夫するとよいですね！

4. 評価の実践　書くこと

5年生 Unit 7　Welcome to Japan. 日本の四季ポストカードを紹介しよう。

評価規準	知：アルファベットの活字体や大文字，小文字を理解し，四線上に正しく書く技能を身につけている。 思：ALTに伝わるように文字と文字のスペースや語句と語句のスペースを意識して書いている。

●形成評価（第3時）　季節にある行事を書き写す。

思考・判断・表現
文字と文字，語句と語句のスペースが詰まっている

知識・技能
"r"が線に接していない

●形成評価（第4時）　その行事のときにすることを書き写す。

思考・判断・表現
語句と語句のスペースが詰まっている

●総括評価（第7時）記録に残す評価

書きためてきたものを見ながら自分のおすすめの季節カードを書く。

思考・判断・表現
文字と文字，語句と語句のスペースを空けることができている

知識・技能
"r"が線に接している

思考・判断・表現
スペースを空けることができている

＜成果と課題＞　○成果　●課題
○子どもが書いたものを見取って，繰り返し指導することで，書くことが苦手な子どもにもきちんと力がつくことがわかった。
●相手に伝わりやすくするために，文章の順序や内容を思考しながら書く指導を行っていきたい。
●第3・4時の形成評価における，文字と文字のスペースや語句と語句のスペースの見取りは，「思考・判断・表現」として評価していいのかを再検討する必要がある。

5. 中間評価実践報告

（1）中間評価の捉え方の変容

　これまでの篠栗小では，外国語活動の実践の中で，「中間評価」について，「楽しく活動しているか」「大きい声で言おうとしたか」「相手の目を見て話すことができたか」など，どの単元にでも使える情意面や態度面の視点を評価することが多く見られた。

　主に高学年は，外国語教育が教科化されたことをきっかけに，評価の在り方を見直していった。主な言語活動を前半（ためす活動），後半（いかす活動）に分けて，前半終了後に友だちのよい姿を共有するのみならず，英語表現を友だちと考えたり，教師と確認したりすることで，本時のねらいに向けて一人ひとりの後半の言語活動の質を上げるようにした。本校では，友だちから学んだことや自分の活動を振り返ったことをもとに，すぐに生かせる場を大切にしており，「中間評価」は，全員が本時のねらいに到達するよう支援するための，大事な評価の場と捉えるようになった。つまり，これまでの情意面や態度面に加えて，内容面の視点も評価するようになったのである。

（2）中間評価の実際

　実際に中間評価を行う際に意識して取り組んでいることには，児童の発達段階によって違いがあった。

低学年

コミュニケーションのよさを価値付けたり，ルールを確認したりする。

"Hello!"と，目を見て笑顔であいさつできていましたね！

たくさんの友だちとやり取りできるようにしましょうね。

中学年

コミュニケーションのよさを価値付ける。

ジェスチャーも加えて自分の考えを伝えていましたね！

表現の仕方を教える。

同じ場合は，"Me, too."と，伝えるとよいですよ。

高学年

コミュニケーションのよさを価値付ける。

相手にわかってもらうために，話す速さを工夫したり，言い換えたりしていましたね。

言語活動の前半で「うまくいかなかったこと」「もっと伝えたいこと」を共有したり，解決したりする。

やってみてうまくいかなかったことや，困ったことは，ありませんか？

日本語だったら，どんなふうに伝えたいの？　知っている英語で伝えられないかな？

　このように，本校では低学年からよりよいコミュニケーションを大切にしてきたことを土台に，高学年では，児童が英語を使って，楽しく長く会話を続けられるような中間評価を行っている。

授業づくりへの取組

1. 他教科との関連を図った授業づくり

　本年度，児童の「伝えたい」「知りたい」という思いや意欲を高めるために，他教科との関連を図った授業づくりに取り組んだ。他教科や，単元を終えた後に実生活と結び付けて完結を迎えるような言語活動の開発を意識した。以下に低・中・高，一例ずつその実践を紹介する。

（1）2年生　英語タイム

「野さいのえい語であそぼう」　×　生活科「ぐんぐんそだて わたしの野さい」

　生活科の学習でお世話になった地域の野菜名人さんに，感謝の気持ちを伝えるために，英語タイムでは，やり取りして野菜カードを集め，集めたカードを使って「ありがとうカード」を作成した。

【やり取りして集めた野菜カードを飾り付けた手紙】　【野菜づくりでお世話になった名人さんに感謝の手紙を渡す児童】

（2）4年生　外国語活動

「What time is it? 今何時？」　×　自分の生活を見つめ直そう

　養護教諭の「生活リズムについて知りたい」という思いを聞き，外国語活動で，生活リズムについて互いにインタビューして調べ，まとめた。結果は，保健室前に掲示し，よい生活リズムについて啓発した。

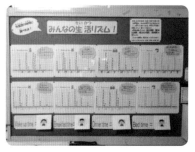

【養護教諭の思いを知る児童】　【生活リズムについてまとめた掲示物】

（3）6年生　外国語科

「How is your school life? 宝物を伝え合おう」　×　総合的な学習の時間「88 プロジェクト」

　総合的な学習の時間の学習で考えた「今後の篠栗町の在り方や，自分たちにできること」を ALT に伝えるために，自分のことや町のよさを英語で伝え合った。

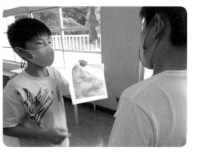

【南蔵院について友だちに伝える児童】　【篠栗九大の森について ALT に伝える児童】

環境づくりの取組

令和２年度，環境部では昨年度までの，

- ① 『子どもたちが，自然に！楽しく！！外国語に触れることができる環境をつくろう』
- ② 『外国語活動の学習の足あとを残そう』

以上，２つのめあてを引き継ぎ，

- ③ 『授業に生きる環境をつくろう』
- ④ 『もっと外国のことを知ろう』

さらに以上２つのめあてを追加して，合計４つのめあてのもとに校内環境の整備を行った。

1. 掲示板の整備

（1）外国語や外国の文化に触れることができる掲示

英語室内に掲示していた掲示物を，１階中央階段前の掲示板に移動させ，全校児童の目に触れるようにした。

また，２・３年生の廊下及び５・６年生の廊下に，それぞれの学年に合った内容の掲示物を作成して掲示し，日ごろから目に触れることができるようにした。

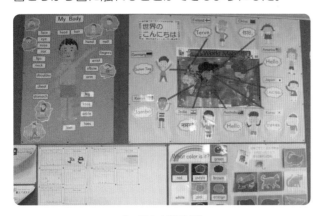
【一階中央階段前】

【2・3年生廊下 野さいと果物】

【5・6年生廊下 世界の料理】

（2）学習の足あとを残す掲示

平成30年度同様，令和元年度に行った授業の内容がわかる掲示物を，形式をそろえて学年ごとに作成し，英語室前の廊下に並べて掲示した。１年生～６年生までを並べて掲示することで，学習内容の段階性がわかったり，見通しをもったりすることができた。

【1年生】
・パフェをつくろう
・オリジナルお子さまランチをつくろう

【2年生】
・野さいカレンダーをつくろう
・体のぶぶんをあらわすえい語であそぼう

【3年生】
・数えてあそぼう

- 単元名
- 単元のゴール
- メインの表現
- 活動名及び活動の写真
- 振り返りシートから

【4年生】
・お気に入りの場所を紹介しよう

【5年生】
・宝物をさがそう

【6年生】
・夏休みの思い出

2. English room の環境整備

（1）授業に生きる掲示

English room 内で授業を行う中学年〜高学年の学習内容に合わせて，授業で実際に使うことができるような内容の掲示物を作成し，掲示した。

【5年「Welcome to Japan」との関連】

【6年「Let's go to Italy.」との関連】

【リアクションの掲示】
授業中のインタビュー活動の際などに使えるリアクション表現を4つに分類している。活動の始めや中間評価時に確認することで，子どもたちの会話がさらに広がっている。

中間評価の様子

3. もっと外国のことを知るための環境整備

（1）教えてポストの設置

一階中央階段前の掲示板の一角に，「教えてポスト」を設置し，周知させた。教えてポストでは，ALTに尋ねてみたいことを誰でも自由に書いて入れることができる。ALTに返信をもらい，ポストの隣に日本語訳と共に掲示した。

【教えてポスト＆専用の用紙】

【質問＆回答の一例】
Q.マーク先生はどんな国に住んでいるんですか。
A. I'm from the United States of America The U.S.A.
Food – Hamburger Baseball
– Yankees American Football
Statue of Liberty Grand Canyon

（2）English Quiz の掲示

「教えてポスト」のそばに，「English Quiz」を掲示した。English Quizでは，外国の日常生活や習慣などをクイズ形式にして紹介することで，子どもたちが異文化に対する理解を深められるようにした。それにより，休み時間などに自発的に「English Quiz」などに触れ，楽しむ姿が見られた。

小中連携の取組

指導者と児童生徒双方にとって9年間の外国語の学びがスムーズに行えるように交流しています。

1. 小中授業参観の実施（8月）

【小学校の6年生担任が，中学校英語科の授業を参観】

【中学校英語科の担任が，小学校の外国語科の授業を参観】

　言語活動の様子や，小中学校がそれぞれで使用している教材などを実際に見ることで，「こんな指導方法は取り入れられそうだな。」「小学校では，ここまではしっかりと力をつけて中学校に送り出そう。」といった連携に必要な課題が明らかになりました。

2. 中学校体験の実施（2月）

How do you spell "red"?

【中学校英語科教員による授業を体験】

"D""ドゥ，ドゥ，dog"だから…「d」のカードじゃない？

　子どもたちは，"Sounds and Letters"で学習してきたことが中学校の学習でも使えることを実感していました。

3. 篠栗町外国語担当者連絡会の実施（6・11・3月）

参加者：篠栗町内4小学校・2中学校から担当者各1名，篠栗町担当JTE 1名，

篠栗町ALT派遣担当コーディネーター

【6月】　◆篠栗町教育委員会指導主事による講話

「篠栗町が目指す，これからの外国語教育」

「本年度からの評価について」

【11月】　◆篠栗町立篠栗小学校研究発表会参加

【3月】　◆令和3年度外国語教育基本方針の説明

◆「小学校外国語・外国語活動の評価の実際」

（実践発表：篠栗小学校）

◆ALT，JTE配置についての学校間調整

◆ICTを使った授業の提案等

中学校の授業に小学校の学びをつなげてもらうため，小学校の授業でどのような言語材料を使ってどのような言語活動を経験してきたか，また，どのような成果物を作成してきたかなどについて，簡単にまとめたものを中学校の先生方へ資料として渡しました。

篠栗中学校　英語科担当の先生方へ

　いつもお世話になっております。また，4月から，本校の6年生がお世話になります。どうぞよろしくお願いいたします。中学校進学にあたり，本校での外国語科での学びの経験についてお伝えさせていただけたらと思います。

【6年時】

Unit1　自分についてスピーチをしよう

　「外国語担当教員（上村）に自己紹介をしよう」という目的で，誕生日や自分の好きなものを伝えました。

（使用した主な表現）　I'm from ～ . When is your birthday? My birthday is ～ .
I like ～ .

Unit2　宝物を伝え合おう

　「JTEに自分や篠栗町の宝物を紹介しよう」という目的で，自分の宝物や総合的な学習の時間で調べた篠栗町のよさを伝えました。

（使用した主な表現）　I live in ～ . What do you usually do? I usually ～ .
What's your treasure? My treasure is ～ . Our treasure is ～ .
It's ～（色，大きさ，形など）.

Unit3　旅行代理店でおすすめの国を紹介しよう

　「ツアーコンダクターになって，自分が行きたい国とその理由をおすすめしよう」という目的で，その国の有名な建物やできることを伝え合いました。

（使用した主な表現）　～ is a nice country. Where do you want to go?
You can see/eat/buy ～ . It's ～ .

Unit4　夏休みの思い出を紹介しよう

　研究発表会の関係で，冬休み前に実施した単元です。そのため，「修学旅行の思い出をJTEに伝えよう」という目的で伝え合いました。

（使用した主な表現）　How was your summer vacation? I went to ～ .
I ate/saw/enjoyed ～ . It was ～ .

Unit5　食物連鎖について発表しよう

　絶滅危惧種を守るために自分にできることを考えることを目的に，理科で調べた絶滅危惧種について，食べているものや住んでいるところ，絶滅の理由について伝え合いました。

（使用した主な表現）　Where do ～ live? ～ live in the …. What do ～ eat?
～ eat ….

Unit6　オリジナルカレーを発表しよう

　家庭科の学習を生かしてオリジナルメニューの料理をつくり，それについてどんな具材が入っているのか，産地や味について伝え合いました。

（使用した主な表現）　What do you usually eat for breakfast? I usually eat ～ for breakfast but yesterday, I ate …. It's ～ .

Unit7　小学校の思い出のアルバムを紹介し合おう

　小学校生活の思い出について，友だちと伝え合いました。

※Unit 8の内容とあわせて全員の前でスピーチする前段階として実施しました。

（使用した主な表現）　What's your best memory? My best memory is ～ .
We went to/ate/saw/enjoyed ～ . It was ～ .

Unit8　夢宣言カードでスピーチをしよう

　「一緒に過ごしてきた友だちやHRT，JTEに小学校生活の思い出や中学校生活，将来の楽しみなことを伝えよう」を目的に，Unit 7の内容とあわせて，全員の前でスピーチをしました。

（使用した主な表現）　What club do you want to join? I want to join ～ .
I want to enjoy ～ . I like ～ . I can ～ .

〈その他〉

★教科書のLet's Chantは全ての単元で扱っています。使用表現が同じ内容の単元がありましたら，導入などで取り入れていただけますと，子どもたちは歌えると思いますし，表現も想起しやすいと思います♪

★アルファベットを読むことに関しては，大文字，小文字はほぼ全員達成しています。識別もほぼ全員達成しています。

★ジングルに繰り返し取り組んできているので，文字の音を頼りに単語の読み方を推測しようという姿は見られるようになってきています。「G」と「Z」など，似た音に気づくように指導を行ってきていますが，その点に関しては確実にできるところまでは求めて指導はしておりません。

★アルファベットを書くことに関しては，ほぼ全員が大文字，小文字を識別して書くことができるようになっていますが，四線上の線にアルファベットが接していない，「h」と「n」など，形の似ている文字について定着していない児童が数名おります。

　「間違いを恐れずに，自分で言いたいことを英語にして言ってみる！」ということを意識して担任が指導を行ってきました。個人差はありますが，前向きに授業に取り組む子どもたちです。中学校でのご指導，よろしくお願いいたします。

6年担任・篠栗小学校外国語担当

◀ Unit 7で書いた思い出シートです。

小中連携につづいて ー 幼稚園での取組 ー

　令和３年度より，小学校への円滑な接続をねらいとして，町立幼稚園で英語タイムを行っています。遊びながら英語に親しんでいます。

町立幼稚園における英語タイムの実施（６月）

【年中組：絵本を読み聞かせ】

> ５ひきのおさるさんが，ベッドの上でジャンプするお話だね。

【年長組：気持ちを表す言葉にチャレンジ】

> とても元気って
> "I'm great." って
> 英語で言うんだね。

> 町 ALT，町指導主事と園の先生と英語タイムを楽しみました。幼稚園の先生が小学校１年生の英語活動の授業を参観した後，幼稚園でもチャレンジしました。絵本の読み聞かせをしたり，"I'm good." "I'm great." って，ジェスチャーをしながら言いました。多くの言葉に触れることは，小学校の外国語教育にもつながっていきます。

教えて！大田先生 ココが知りたい！ Q & A

 評定AとBの違いの設定はどうしたらよいですか？

 　AとBの違いをどのように設定するかは，それぞれの学校で設定します。一律にこうでないといけないというものはありません。大事なのは学校の実態に応じて目指す姿を明確に設定することです。そのために，目標に即して評価規準を具体的に定めます。「概ね満足できる」状況とはどのような姿なのかを明らかにしておくことです。Aの姿は，Bの姿より少し高い目標を設定しましょう。そして，どのようになるとAやBの姿なのかを事前に子どもと共有しておくことが大切です。このことにより，子どもの学びをより主体的に学習に取り組むことへつなぐことができるでしょう。

 篠栗小学校の実践のように，中間評価を行うことは必要でしょうか。

 　中間評価を行うか行わないかで，その後の子どもの姿がぐっと変わります。言語活動に取り組ませながら，子どもの様相観察を行っていると，気になる子どもの様子も見えてきます。例えば，「単なる言いっ放しになっている」「相手の話を十分に聞かずに終わっている」など，相手意識が不足している様子などが見えてきます。このままの活動を継続してしまうと，よりよいパフォーマンスへ向かうことはできません。そこで，より伝え合いを深めるために，既習内容の反応表現や質問表現などを想起させることで，次の活動へ意識づけをすることができます。また，よいパフォーマンスをしている子どもを見つけ出し，そのよさを授業内で紹介することも，子どもたちの意識づけに大きくつながり，子どもの姿が変わっていきます。

 主体的に学習に取り組む態度の評価はどのようにしたらよいのですか？

 　「主体的に学習に取り組む態度」の評価については，コミュニケーションの目的・場面・状況に応じて，学びの見通しをもち言語活動を通して，知識や技能を獲得したり，思考力，判断力，表現力等を身につけたりすることに向け，粘り強く学習へ取り組もうとしているかどうか，また，粘り強く学習に取組を行う中で自己の学びの状況を自身で把握し目的に向かって自らの学習を調整しようとしているかという状況を評価します。この姿は短時間には身につかない力です。そのため，長いスパンで子どもの学びの過程を見守りながら評価していくことが大切です。

　目標に向かって毎時間の学習を行いながら，今の自分の状況を把握し（メタ認知），よりよい改善の方策を考え，挑戦し，目指す姿の達成へ粘り強く取り組んでいく姿です。このような変容の過程を追いかけるには，自己の内省を把握しておかないと子どもの思

いを理解することができません。授業内で表出される子どもの言動だけでは全てを把握することが難しいです。振り返りシートやワークシート等を活用し，どのようにしたらできるようになったのか，次に向け，どのようなことをがんばっているのか，がんばりたいと考えているか等，単なる感想ではなくどう学ぼうとしているかを表出させることで，その姿を見取ることができるでしょう。

Q 英語ルームなどの環境づくりを行う際のポイントはありますか？

A 　子どもたちが英語ルームに入ったときに思わずわくわくするような，そして英語のスイッチが思わず入るような環境づくりができるとよいですね。授業で慣れ親しんできた語彙や表現がそれを表すイラスト等と一緒に掲示されていたり，世界の色々な国の様子を現した写真や英語絵本などを教室に配置したりすることで，子どもの興味・関心を引きつけると共に，授業でも環境を生かすことができます。英語ルームの掲示物だけでなく，授業で活用する絵カード類を棚等に整理して保管しておくことで，いつでも授業の際に使うことができ大変便利です。デジタル教材を操作するICT機器(電子ボード等)やPC，タブレットの接続等，授業でどの先生もすぐに使用できるように設定を共有し，使い勝手がよいように配備しておくことも環境構成のポイントです。

Q 読むことの評価の際に，実際にテストをやったところ，
「知識・技能」と「思考・判断・表現」はほとんど同じ力のように感じました。
読むことの「思考・判断・表現」についてより具体的な例を知りたいです。

A 　どのようなテストの設問であったかによりますが，評価しようとする場面設定に大きな違いがあると思います。特に，読むことの「思考・判断・表現」の観点で評価をする際には，「コミュニケーションを行う目的や場面，状況の設定」が必要です。何のために読むのかという目的意識が伴います。そして，必要に応じて適切に，書かれていることから情報を読んで意味がわかっているかどうかを評価します。書かれていることが正しく理解できているかどうかと，目的に応じて必要な情報を適切につかみ，理解できているかどうかの違いと捉えるとよいでしょう。

　例えば，篠栗小学校では，右のようなチャレンジテストを作成し，実践を行いました。

　質問①のように，単元の中で何度も繰り返し聞いたり言ったりしており，十分に音声と文字に慣れ親しんでいる問いでは，その意味が読んでわかっているかという，「知識・技能」の評価をしました。

　一方，質問③のように，「もし自分が行くとしたらどれがよいかを決める」という目的をもって読む問いでは，目的に応じて必要な情報を適切につかみ，理解できているかという，「思考・判断・表現」の評価をしました。

第4章

資　料

	1年生	2年生	3年生	4年生
	身近で簡単な英語を知り，目的や場面，状況に応じて英語によるコミュニケーションを楽しむことができる。		自分や相手，社会，世界にかかわる事柄について体験的に理解し，目的，場面，状況などに応じて，相手に配慮しながら主体的に外国語を聞いたり話したりして自分の考えや気持ちなどを伝え合うことができる。	
知識・技能	英語の音声や基本的な表現を聞いたり，動作や音まねで言ったりして英語に慣れ親しんでいる。		〈知〉外国語を通して，言語や文化について体験的に理解を深めたり，日本語と外国語との音声やリズムの違いに気づいたりする。 〈技〉外国語を通して，外国語の音声や基本的な表現を聞いたり言ったりして慣れ親しんでいる。	
思考・判断・表現	目的や場面，状況に応じて自分のことについて，身近にある簡単な英語で聞いたり話したりしている。		目的や場面，状況に応じて，身近で簡単な事柄について，外国語で聞いたり話したりして，自分の考えや気持ちなどを伝え合っている。	
主体的に学習に取り組む態度	外国語や，それを使う人々や使われる国に関心をもち，英語を用いて聞いたり話したりしようとしている。		外国語を通して，言語やその背景にある文化に対する理解を深め，コミュニケーションを図る相手に配慮しながら，主体的に外国語を用いて聞いたり話したりして自分の考えや気持ちなどを伝え合おうとしている。	
聞くこと	○ゆっくりはっきりと話された際に，身の回りの物に関する簡単な語句を聞き取るようにする。		○ゆっくりはっきりと話された際に，自分のことや身の回りの物を表す簡単な語句を聞き取るようにする。 ○ゆっくりはっきりと話された際に，身近で簡単な事柄に関して，基本的な表現の意味がわかるようにする。（話し手の顔の表情や身振り，イラストや写真などを手掛かりにしてよい。） ○文字の読み方が発音されるのを聞いた際に，どの大文字であるかがわかるようにする。	○ゆっくりはっきりと話された際に，自分のことや身の回りの物を表す簡単な語句を聞き取るようにする。 ○ゆっくりはっきりと話された際に，身近で簡単な事柄について，基本的な表現の意味がわかるようにする。 ○文字の読み方が発音されるのを聞いた際に，活字体で書かれた文字を指すなどしてどの小文字であるかがわかるようにする。
話すこと【やり取り】	○簡単な表現を用いて挨拶や感謝，依頼をしたり，簡単な指示に反応するようにする。 ○身の回りにあるものについて，動作や表情を交えながら自分の好きなものやほしいものを伝え合うようにする。		○基本的な表現を用いて挨拶や感謝，簡単な指示，依頼をしたり，それらに応じるようにする。 ○自分のことや身の回りの物について，表情や動作を交えながら自分の考えや気持ちなどを，簡単な語句や基本的な表現を用いて伝え合うようにする。 ○サポートを受けて，自分や相手のこと及び身の回りの物に関する事柄について，簡単な語句や基本的な表現を用いて質問をしたり質問に答えたりするようにする。	
話すこと【発表】			○身の回りの物について，人前で実物などを見せながら，その数や形状について簡単な語句や基本的な表現を用いて話すようにする。 ○自分のことについて，人前で実物などを見せながら，自分の好き嫌いやほしい物などについて簡単な語句や基本的な表現を用いて話すようにする。 ○時刻や曜日，場所などの日常生活に関する身近で簡単な事柄について，人前で実物などを見せながら，自分の考えや気持ちなどを，簡単な語句や基本的な表現を用いて話すようにする。	
読むこと				
書くこと				

5年生	6年生
自分や他者，社会，世界にかかわる事柄について理解を深め，目的，場面，状況などに応じて，他者に配慮しながら主体的に外国語を聞いたり読んだり話したり書いたりして，自分の考えや気持ちなどを伝え合うことができる。	

〈知〉外国語の音声や文字，語彙，表現，文構造，言語の働きなどについて日本語との違いに気づき，理解する。
〈技〉読むこと，書くことに慣れ親しみ，４技能を実際のコミュニケーションにおいて活用できる基礎的な技能を身につける。

　目的や場面，状況に応じて，身近で簡単な事柄について，聞いたり話したりするとともに，音声で十分に慣れ親しんだ語句や基本的な表現を推測して読んだり，語順を意識しながら書いたりして，自分の考えや気持ちなどを伝え合っている。

　外国語を使ってコミュニケーションを図る人々の背景にある文化に対する理解を深め，相手や他者に配慮しながら主体的に外国語を聞いたり，読んだり，話したり，書いたりして自分の考えや気持ちなどを伝え合おうとしている。

○ゆっくりはっきりと話された際に，イラストや写真と結び付けるなどして自分のことや身近で簡単な事柄について，簡単な語句や基本的な表現を聞き取ることができるようにする。
○ゆっくりはっきりと話された際に，日常生活に関する身近で簡単な事柄について，誕生日や値段，思い出の学校行事など具体的な情報を聞き取ることができるようにする。
○ゆっくりはっきりとある程度まとまりのある話をされた際に，イラストや写真などの視覚的な情報も参考にしながら必要な情報を聞き取ることができるようにする。

○基本的な表現を用いて挨拶や指示，依頼をしたり，それらに応じたり断ったりすることができるようにする。
○日常生活に関する身近で簡単な事柄について自分の考えや気持ちなどを，伝えたり，簡単な質問をしたり質問に答えたりして伝え合うことができるようにする。
○自分や相手のこと，及び身の回りの物に関する事柄について，簡単な語句や基本的な表現を用いて，その場で質問をしたり質問に答えたりして，伝え合うことができるようにする。

○日常生活に関する身近で簡単な事柄について，簡単な語句や基本的な表現を用いて話すことができるようにする。
○自分のことについて，伝えたい事項が複数ある場合には，伝えようとする事項の内容や順番を決めたり選んだりした上で，簡単な語句や基本的な表現を用いて話すことができるようにする。
○学校生活や地域に関する事柄について，伝えようとする内容を整理した上で，自分の考えや気持ちなどを，簡単な語句や基本的な表現を用いて聞き手にわかりやすく話すことができるようにする。

○活字体で書かれた大文字，小文字を識別し，その読み方を発音することができるようにする。
○掲示，パンフレットなどから自分が必要とする情報を得たり，簡単な語句や基本的な表現を絵本などから識別したりするようにする。
○簡単な語句や基本的な表現で書かれた文を読んで，その意味を捉えるようにする。

5年生	6年生
○活字体で大文字，小文字を四線上に正しく書き写すことができるようにする。	○活字体で大文字，小文字を四線上に正しく書くことができる。
○簡単な語句や基本的な表現を四線上に書き写すことができるようにする。	○簡単な語句や基本的な表現を四線上に書き写すことができるようにする。
○自分のことや身近で簡単な事柄について，例文を参考に一部を自分が表現したい内容のものに置き換えて書くことができるようにする。	○自分のことや身近で簡単な事柄について，例文を参考にその中の一部，又は１文を自分が表現したい内容のものに置き換えて書くことができるようにする。

Unit1　Hello, friends. 名刺交換をしよう。

地域・くらし「あいさつ運動」

<table>
<tr><th rowspan="2"></th><th rowspan="2"></th><th>知・技</th><th>思・判・表</th><th>主体的</th><th rowspan="2">評価規準</th><th rowspan="2">評価方法</th><th colspan="3">評価基準</th></tr>
<tr></tr>
<tr>
<td rowspan="8">主となる領域と評価</td>
<td>聞</td><td>◎</td><td></td><td></td>
<td>名前や好きなもの・こと、嫌いなもの・ことについての簡単な語句や基本的な表現を理解し、聞き取る技能を身につけている。</td>
<td>3/8 時
HRT が教科書丸つけ
Let's Listen1</td>
<td>A：4問全て正答</td>
<td>B：3問正答</td>
<td>C：0〜2問正答</td>
</tr>
<tr>
<td>読</td><td>◎</td><td></td><td></td>
<td>人文字を識別して、その名称を発音する技能を身につけている。</td>
<td>7/8 時
HRT と ALT（JTE）がアルファベットを指し、発音できるか1人ずつ確認しながら名簿に記入</td>
<td>設定なし</td>
<td>B：26文字全て識別できる。</td>
<td>C：0 - 25文字識別できる。
※学期末に再度、定着を確認</td>
</tr>
<tr>
<td>話（や）</td><td>◎</td><td></td><td></td>
<td>自分の名前や好きなもの・ことについての簡単な語句や基本的な表現を理解し、それらを用いて友だちや ALT と、伝え合う技能を身につけている。</td>
<td>8/8 時
ALT（JTE）と対面して話す（録画）
HRT：やり取りを見て名簿に記入
ALT：やり取りしながら名簿に記入</td>
<td>A：自分の名前のスペルと好きな色、食べ物、スポーツの4文を正しい表現で伝えている。</td>
<td>B：1〜2回のサポートを受ければ、自分の名前のスペルと好きな色、食べ物、スポーツの4文を正しい表現で伝えている。</td>
<td>C：サポート3回以上。または、語彙のみで伝えている。</td>
</tr>
<tr><td>話（発）</td><td></td><td></td><td></td><td></td><td></td><td></td><td></td><td></td></tr>
<tr><td>書</td><td></td><td></td><td></td><td></td><td></td><td></td><td></td><td></td></tr>
<tr>
<td>基本表現</td>
<td colspan="3"></td>
<td colspan="5">（表現）Hello, I'm (Saki). Nice to meet you. My name is (Kosei). How do you spell your name?　E-M-I-L-Y. What (sport) do you like?　I like (soccer) very much. I'm from 〜. Are you 〜？など
（語彙）スポーツ，学校など</td>
</tr>
<tr>
<td>単元のゴール</td>
<td colspan="3"></td>
<td colspan="5">ALT に英語で自己紹介しよう。</td>
</tr>
</table>

Unit2　When is your birthday? バースデーカードをおくろう。

<table>
<tr><th rowspan="2"></th><th rowspan="2"></th><th>知・技</th><th>思・判・表</th><th>主体的</th><th rowspan="2">評価規準</th><th rowspan="2">評価方法</th><th colspan="3">評価基準</th></tr>
<tr></tr>
<tr>
<td rowspan="8">主となる領域と評価</td>
<td>聞</td><td>◎</td><td></td><td></td>
<td>誕生日やほしいものについての簡単な語句や基本的な表現を理解し、聞き取る技能を身につけている。</td>
<td>4/8 時
HRT が教科書丸つけ
Let's Listen1</td>
<td>A：8問全て正答</td>
<td>B：7問正答</td>
<td>C：0〜6問正答</td>
</tr>
<tr>
<td>読</td><td>◎</td><td></td><td></td>
<td>小文字を識別して、その名称を発音する技能を身につけている。</td>
<td>7/8 時
HRT と ALT（JTE）がアルファベットを指し、発音できるか確認しながら名簿に記入</td>
<td>設定なし</td>
<td>B：26文字全て識別できる。</td>
<td>C：0〜25文字識別できる。
※学期末に再度、定着を確認</td>
</tr>
<tr>
<td>話（や）</td><td></td><td>◎</td><td>◎</td>
<td>友だちや ALT に自分のことを知ってもらうために、誕生日やほしいものについての簡単な語句や基本的な表現を用いて伝えている。（主：伝えようとしている。）</td>
<td>8/8 時
ALT と対面して話す。（録画）
HRT：やり取りを見て名簿に記入
ALT：やり取りしながら名簿に記入</td>
<td>思A：自分の誕生日と誕生日にほしいものについて具体的な情報と理由も伝えている。
主A：挨拶したり、アイコンタクトや相手に伝わる声で、自分の誕生日と誕生日にほしいものについて具体的な情報と理由も伝えようとしている。</td>
<td>思B：自分の誕生日と誕生日にほしいものについて具体的な情報、あるいは理由となる文のどちらかを加えて伝えている。
主B：アイコンタクトや相手に伝わる声で、自分の誕生日と誕生日にほしいものについて具体的な情報、あるいは理由となる文のどちらかを加えて伝えようとしている。</td>
<td>思C：具体的な情報や理由について伝えていない。
主C：具体的な情報や理由について伝えようとしていない。声が相手に届いていない。</td>
</tr>
<tr><td>話（発）</td><td></td><td></td><td></td><td></td><td></td><td></td><td></td><td></td></tr>
<tr><td>書</td><td></td><td></td><td></td><td></td><td></td><td></td><td></td><td></td></tr>
<tr>
<td>基本表現</td>
<td colspan="3"></td>
<td colspan="5">（表現）When is your birthday?　My birthday is (August 19th). What do you want for your birthday?　I want 〜. Happy Birthday! This is for you. Here you are. Thank you. など
（語彙）月、季節、スポーツ、身の回りの物など</td>
</tr>
<tr>
<td>単元のゴール</td>
<td colspan="3"></td>
<td colspan="5">バースデーカレンダーをつくろう。</td>
</tr>
</table>

Unit3　What do you want to study? 夢に近づく時間割を紹介しよう。

<table>
<tr><th></th><th></th><th>知・技</th><th>思・判・表</th><th>主体的</th><th>評価規準</th><th>評価方法</th><th colspan="3">評価基準</th></tr>
<tr><td rowspan="5">主となる領域と評価</td><td>聞</td><td>◎</td><td></td><td></td><td>学びたい教科やなりたい職業についての簡単な語句や基本的な表現を理解し，聞き取る技能を身につけている。</td><td>3/8 時
Let's Listen1
6/8 時
Let's Listen2
HRT が教科書丸つけ</td><td>設定なし</td><td>B：11 問全て正答</td><td>C：0～10 問正答</td></tr>
<tr><td>読</td><td></td><td></td><td></td><td></td><td></td><td></td><td></td><td></td></tr>
<tr><td>話
(や)</td><td></td><td></td><td></td><td></td><td></td><td></td><td></td><td></td></tr>
<tr><td>話
(発)</td><td>◎</td><td></td><td></td><td>なりたい職業とそれに向けて学びたい教科についての簡単な語句や基本的な表現を理解し，それらを用いて話す技能を身につけている。</td><td>8/8 時
全体の前でスピーチ
HRT・ALT は発表を見ながら名簿に記入</td><td>A：I want to be a　職業．と I want to study 教科．の 2 文を用いて正しく伝えて，かつ and を用いた基本的なイントネーションで伝えている。</td><td>B：I want to be a　職業．と I want to study 教科．の 2 文を用いて正しく伝えている。</td><td>C：語彙のみで伝えている。</td></tr>
<tr><td>書</td><td>◎</td><td></td><td></td><td>アルファベットの活字体の大文字について理解し，四線上に正しく書き写す技能を身につけている。</td><td>7/8 時
教科書を手本にしてワークシートに大文字を書き写し，HRT が丸つけ</td><td>A：26 文字全て教科書通りに書き写している。</td><td>B：26 文字全て書き写している。</td><td>C：0～25 文字書き写している。</td></tr>
<tr><td>基本表現</td><td colspan="9">(表現) What do you want to study?　I want to study ～. What do you want to be?　I want to be ～. など
(語彙) 天気，曜日，気分，教科，職業など</td></tr>
<tr><td>単元のゴール</td><td colspan="9">将来の夢を英語でスピーチしよう。</td></tr>
</table>

1 学期　パフォーマンス評価　課題「ゲスト ALT に，自己紹介しよう。」

<table>
<tr><th></th><th></th><th>知・技</th><th>思・判・表</th><th>主体的</th><th>評価規準</th><th>評価方法</th><th colspan="3">評価基準</th></tr>
<tr><td rowspan="5">主となる領域と評価</td><td>聞</td><td></td><td></td><td></td><td></td><td></td><td></td><td></td><td></td></tr>
<tr><td>読</td><td>◎</td><td></td><td></td><td>大文字を識別したり，小文字を識別したりして，その名称を発音する技能を身につけている。</td><td>1/2 時
ALT (JTE) がアルファベットを指し，発音できるか確認しながら名簿に記入</td><td>設定なし</td><td>B：26 文字全て識別できる。</td><td>C：0～25 文字識別できる。</td></tr>
<tr><td>話
(や)</td><td>◎</td><td>◎</td><td>◎</td><td>知技：自分の名前や好きなもの・ことについての簡単な語句や基本的な表現を理解し，それらを用いて友だちや ALT と，伝え合う技能を身につけている。
思・主：初対面の ALT に自分のことを知ってもらうために，1 学期に学習した簡単な語句や基本的な表現を用いて，自分の好きなこと・ものやほしいもの，将来の夢について伝え合っている。(主：伝え合おうとしている。)</td><td>2/2 時
ALT と対面して話す。
(録画)
HRT：やり取りを見て名簿に記入
ALT：やり取りしながら名簿に記入
振り返りシート</td><td>知 A：自分の名前のスペルと好きな色，食べ物，スポーツの 4 文を正しい表現で伝えている。
思 A：ゲスト ALT と，互いのことを知るために，名前以外に自分のことに関する情報を既習の語句や表現を 6 文以上使って伝え合っている。
キ A：ゲスト ALT と，互いのことを知るために，あいさつやアイコンタクトをしながら，名前以外に自分のことに関する情報を既習の語句や表現を 6 文以上使って，相手に届く声で伝え合おうとしている。</td><td>知 B：1～2 回のサポートを受ければ，自分の名前のスペルと好きな色，食べ物，スポーツの 4 文を正しい表現で伝えている。
思 B：ゲスト ALT と，互いのことを知るために，名前以外に自分のことに関する情報を既習の語句や表現を 5 文を使って伝え合っている。
主 B：ゲスト ALT と，互いのことを知るために，アイコンタクトをしながら，名前以外に自分のことに関する情報を既習の語句や表現を 5 文を使って，相手に届く声で伝え合おうとしている。</td><td>知 C：サポート 3 回以上。または，語彙のみで伝えている。
思 C：ゲスト ALT と，互いのことを知るために，名前以外に自分のことに関する情報を既習の語句や表現を 1～4 文使って伝え合っている。
主 C：ゲスト ALT と，互いのことを知るために，名前以外に自分のことに関する情報を既習の語句や表現を 1～4 文使って伝え合おうとしている。声が相手に届いていない。</td></tr>
<tr><td>話
(発)</td><td></td><td></td><td></td><td></td><td></td><td></td><td></td><td></td></tr>
<tr><td>書</td><td>◎</td><td></td><td></td><td>アルファベットの活字体の小文字について理解し，四線上に正しく書き写す技能を身につけている。</td><td>1/2 時
教科書を手本にしてワークシートに大文字を書き写し，HRT が丸つけ</td><td>A：26 文字全て教科書通りに書き写している。</td><td>B：26 文字全て書き写している。</td><td>C：0～25 文字書き写している。</td></tr>
</table>

◎…その単元において総括的評価を行う。(ただし，各学期末に行うパフォーマンステストの評価とあわせて学期の評価とする。)

Unit 4　He can bake bread well. 身近な人紹介カードを作ろう。

他教科・学校行事との関連
道徳科「家族の紹介」

<table>
<tr><td rowspan="8">主となる領域と評価</td><td></td><td>知・技</td><td>思・判・表</td><td>主体的</td><td>評価規準</td><td>評価方法</td><td colspan="3">評価基準</td></tr>
<tr><td>聞</td><td>◎</td><td></td><td></td><td>職業や動作を表す簡単な語句や，できること，できないことを表す基本的な表現を理解し，聞き取る技能を身につけている。</td><td>3～4/8時
HRTが教科書丸つけ
Let's Listen1</td><td>設定なし</td><td>B：6問全て正答</td><td>C：0～5問正答</td></tr>
<tr><td>読</td><td></td><td></td><td></td><td></td><td></td><td></td><td></td><td></td></tr>
<tr><td>話（や）</td><td></td><td></td><td></td><td></td><td></td><td></td><td></td><td></td></tr>
<tr><td>話（発）</td><td>◎</td><td></td><td></td><td>職業や動作を表す語句や篠栗町に住んでいる身近な人を紹介する表現について理解し，それらを用いて話す技能を身につけている。</td><td>8/8時
全体の前でスピーチ
HRT・ALT（JTE）は発表を見ながら名簿に記入
（録画）</td><td>A：紹介する人物の名前や自分との関係，その人の職業，できることについての3文を正しく使って伝えている。</td><td>B：紹介する人物の名前や自分との関係，その人の職業，できることについての3文を，言い直したり，止まったりしながら表現を正しく使って伝えている。</td><td>C：表現が正しくない文が1文でもある。または，語彙のみで伝えている。</td></tr>
<tr><td>書</td><td>◎</td><td></td><td></td><td>性格や職業についての語句や表現を理解し，四線上に正しく書き写す技能を身につけている。</td><td>6/8時
PDを手本にしてワークシートに書き写したものを，HRTが丸つけ</td><td>A：アルファベットやスペル，文字と文字の間隔など全て四線上に正しく書き写している。</td><td>B：アルファベットや文字と文字の間隔に1～2個の間違いがあるが，概ね書き写している。</td><td>C：間違いが3個以上，または，スペルの間違いがある。</td></tr>
</table>

基本表現	（表現）Can you ～? Yes, I can. No, I can't. I/You/He/She can/can't ～. Who is this? This is ～. （語彙）動作，建物，楽器，家族，人など
単元のゴール	ALTに篠栗町のよさを知ってもらうために，町の人を紹介しよう。

Unit 5　Where is the post office? オリジナルタウンで道案内しよう。

他教科・学校行事との関連
図画工作科「あったらいい町，どんな町」，
総合的な学習の時間「集団学習を成功させよう」

<table>
<tr><td rowspan="6">主となる領域と評価</td><td></td><td>知・技</td><td>思・判・表</td><td>主体的</td><td>評価規準</td><td>評価方法</td><td colspan="3">評価基準</td></tr>
<tr><td>聞</td><td>◎</td><td></td><td></td><td>場所や位置を表す簡単な語句や基本的な表現を聞き取る技能を身につけている。</td><td>4/8時
HRTが教科書丸つけ
Let's Listen1</td><td>設定なし</td><td>B：5問全て正答</td><td>C：0～4問正答</td></tr>
<tr><td>読</td><td>◎</td><td></td><td></td><td>アルファベットの活字体の大文字と小文字を識別することができる。</td><td>7/8時
ワークシートに書かれた大文字と小文字を見て，同じ名称の文字を線で結んだものをHRTが丸つけ</td><td>設定なし</td><td>B：26問全て正答</td><td>C：1～25問正答</td></tr>
<tr><td>話（や）</td><td></td><td>◎</td><td>◎</td><td>友だちやALTに篠栗町でおすすめの場所を伝えるために，大体の場所やその理由を伝え合っている。（伝え合おうとしている。）</td><td>7～8/8時
ALTと対面して話す（録画）
HRT：やり取りを見て名簿に記入
ALT：やり取りしながら名簿に記入
振り返りシート</td><td>思A：おすすめの理由を2文以上加えて，相手に伝わっているか確認しながら伝え合っている。
主A：挨拶やアイコンタクトをして，相手に届く声でおすすめの理由を2文以上加え，伝わっているか確認しながら伝え合おうとしている。</td><td>思B：おすすめの理由を1文または語句を加えて伝え合っている。
主B：アイコンタクトをしながら相手に届く声で，おすすめの理由を1文加えて伝え合おうとしている。</td><td>思C：おすすめの理由についてふれていない。
主C：おすすめの理由についてふれようとしていない。または，声が相手に届いていない。</td></tr>
<tr><td>話（発）</td><td></td><td></td><td></td><td></td><td></td><td></td><td></td><td></td></tr>
<tr><td>書</td><td></td><td></td><td></td><td></td><td></td><td></td><td></td><td></td></tr>
</table>

基本表現	（表現）Where is this?　Go straight for ～ block (s). Turn left/right（at the ～ corner）. It's in/by/on/under ～. You can see it on your left/right. （語彙）道案内，位置，日常生活，建物
単元のゴール	篠栗町にある，私のおすすめの場所を紹介しよう。

		知・技	思・判・表	主体的	評価規準	評価方法	評価基準		
主となる領域と評価	聞		◎	◎	自分が食べたい給食メニューを決定するために, 味や具材などの具体的な情報を聞き取っている。(聞き取ろうとしている。)	8/8 時 決定したメニューを教科書のふるさとメニュートレーに貼り, その裏に書かれた選んだ理由を HRT が分析して評価 行動観察, 振り返りシート	思A：給食メニューの選択理由について, 友だちから聞いた具体的な情報と自分の好みを関連付けして選択したことがわかる記述がある。 主A：相手の言ったことに頷いたり, 語句や表現で反応, 質問をしたりするなどわかるまで聞こうとしている。	思B：給食メニューの選択理由について, 友だちから聞いた具体的な情報をもとに選択したことがわかる記述がある。 主B：相手の言ったことに頷いたり, OK. などの語句で反応したりしながら聞こうとしている。	思C：給食メニューの選択理由について, 友だちから聞いた具体的な情報をもとに選択したことがわかる記述がない。 主C：何も反応していない。
	読								
	話(や)		◎	◎	友だちや ALT に自分の考えた給食メニューを知ってもらうために, メニューについての具体的な情報を伝え合っている。(伝え合おうとしている。)	7～8/8 時 HRT：店と客に分かれてやり取りしているのを聞きながら名簿に記入 ALT：客としてやり取りしながら名簿に記入 振り返りシート	思A：味や具材などについて, 尋ねられたこと以外に簡単な語句や基本的な表現を使って自ら情報を伝え合っている。 主A：挨拶やアイコンタクトをしながら, 相手に届く声で, 味や具材などについて, 尋ねられたこと以外に簡単な語句や基本的な表現を使って自ら情報を伝え合おうとしている。	思B：味や具材などについて, 尋ねられたこと以外に簡単な語句を使って自ら情報を伝え合っている。 主B：アイコンタクトをしながら, 相手に届く声で, 味や具材などについて, 尋ねられたこと以外に簡単な語句を使って自ら情報を伝え合おうとしている。	思C：相手に尋ねられたことだけに答えている。 主C：相手に尋ねられたことだけに答えようとしている。または, 相手に届く声で伝え合おうとしていない。
	話(発)								
	書								
基本表現					(表現) What would you like? I'd like ～ . How much is it? It's ～ yen. など (語彙) デザート, 味, 食べ物, 数など				
単元のゴール					「篠栗小レストラン」で, みんなで食べる給食メニューを決めよう。				

2学期　パフォーマンス評価　課題「ゲスト ALT に自分の篠栗町の No.1 について紹介しよう。(人, 場所, 食べ物など)」

		知・技	思・判・表	主体的	評価規準	評価方法	評価基準		
主となる領域と評価	聞								
	読								
	話(や)	◎			2 学期に学習した簡単な語句や基本的な表現を理解し, それらを使ってゲスト ALT に篠栗のことについて伝える技能を身につけている。	1～2/2 時 ALT と対面して話す(録画) HRT：後日やり取りを見て名簿に記入 ALT：やり取りしながら名簿に記入	A：人, 場所, 食べ物などから1つ選んだテーマについて 4 文を正しい表現で伝えている。	B：1～2 回のサポートがあれば, 人, 場所, 食べ物などから1つ選んだテーマについて 4 文を正しい表現で伝えている。	C：サポート 3 回以上。または, 語彙のみで伝えている。
	話(発)								
	書	◎		◎	アルファベットの活字体の大文字と小文字を識別して, 手本を見ながら自分の名前を書き写している。	1～2/2 時 大文字と小文字がバラバラに書かれたものから, 大文字と小文字を識別しながらワークシートに書き写したものと, ワークシートに書き写された名前を HRT が丸つけ	設定なし	B：大文字, 小文字ともに 26 文字全てを正しく書き写せる。 B：自分の名前を正しく書き写している。	C：アルファベット大文字と小文字の使い分けの間違いが 1 つ以上ある。 C：文字と文字のスペース, 姓と名の間のスペースが適切でない。

◎…その単元において総括的評価を行う。(ただし, 各学期末に行うパフォーマンステストの評価とあわせて学期の評価とする。)

Unit 7　Welcome to Japan. 日本の四季ポストカードを紹介しよう。

他教科・学校行事との関連： 国語科「和の文化について調べよう」，社会科「くらしを支える食料生産」，音楽科「日本の民ようをたずねて」，道徳科「世界の文化遺産」

主となる領域と評価

	知・技	思・判・表	主体的	評価規準	評価方法	評価基準		
聞	◎			季節や年中行事などの簡単な語句や季節にできることなどの基本的な表現を理解し，必要な情報を聞き取る技能を身につけている。	2〜4/8時 HRTが教科書丸つけ Let's Listen1,2,3	設定なし	B：17問全て正答	C：0〜16問正答
読		◎	◎	友だちや先生の好きな季節を知るために，音声で十分に慣れ親しんだ語句や表現で書かれたパンフレットを読んで，意味がわかっている。（主：理解しようとしている。）	7/8時 HRTがワークシートを，作成して実施 分析して評価 振り返りシート	思A：友だちや先生の好きな季節について，読んだことと自分のことを関連付けて質問や感想などを書いている。主A：友だちや先生の好きな季節について，読んだことと自分のことを関連付けて質問や感想などを書こうとしている。	思B：友だちや先生の好きな季節について，読んだことをもとにした質問や感想などを書いている。主B：友だちや先生の好きな季節について，読んだことをもとにした質問や感想などを書こうとしている。	思C：友だちや先生の好きな季節について，読んだことをもとにした質問や感想などを書いていない。主C：友だちや先生の好きな季節について，読んだことをもとにした質問や感想などを書こうとしていない。
話（や）								
話（発）	◎			季節や年中行事などの簡単な語句や季節にできることなどの基本的な表現を理解し，それらを用いて話す技能を身につけている。	8/8時 全体の前でスピーチ HRT・ALT（JTE）は発表を見ながら名簿に記入 （録画）	A：自分の好きな季節とその季節の行事について，の2文を正しく使って伝えている。	B：自分の好きな季節とその季節の行事について，の2文を，言い直したり，止まったりしながら表現を正しく使って伝えている。	C：表現が正しくない文が1文でもある。または，語彙のみで伝えている。
書		◎	◎	季節や年中行事を表す簡単な語句や基本的な表現，終止符の基本的な符号を用いて，自分の好きな季節やその季節にある行事について書いている。（主：書こうとしている。）	5〜6/8時 HRTがワークシートを作成して実施し丸つけ 振り返りシート分析	思A：文字と文字，語句と語句の間のスペースが適切で，文脈も適切に書いている。主A：文字と文字，語句と語句の間のスペースが適切で，文脈も適切に書こうとしている。	思B：文字と文字，語句と語句の間のスペースが概ね適切で，かつ，文脈を適切に書いている。主B：文字と文字，語句と語句の間のスペースが概ね適切で，かつ，文脈を適切に書こうとしている。	思C：文字と文字，語句と語句の間のスペース，または，文脈が適切でない。主C：文字と文字，語句と語句の間のスペース，または，文脈を適切に書こうとしていない。

基本表現
（表現）Why do you like 〜? We have … in 〜 . What do you do on … ? I usually 〜 . You can 〜 . It's 〜 . など
（語彙）季節，形，遊び，年中行事

単元のゴール　ALTに日本の四季や文化のよさを知ってもらおう。

Unit 8　Who is your hero? ヒーローを紹介しよう。

他教科・学校行事との関連： 国語科「日本語と外国語」，道徳科「氷上の挑戦」，「変えたもの・変えなかったもの」

主となる領域と評価

	知・技	思・判・表	主体的	評価規準	評価方法	評価基準		
聞	◎			日常生活に関する簡単な語句や基本的な表現について理解し，それらを聞き取る技能を身につけている。	5/8時 HRTが教科書丸つけ Let's Listen1	設定なし	B：4問全て正答	C：0〜3問正答
読								
話（や）		◎	◎	自分のあこがれの人とその理由を伝えるために，性格や得意なことなどの簡単な語句や基本的な表現を用いて伝え合っている。（主：伝え合おうとしている。）	7〜8/8時 ALTと対面して話す（録画）HRT：やり取りを見て名簿に記入 ALT：やり取りしながら名簿に記入 振り返りシート	思A：ゴールの表現だけでなく，既習の表現を3文以上用いて，より具体的に伝え合っている。主A：ゴールの表現だけでなく，既習の表現を3文以上用いて，相手の反応に応じて言い直したり，理解を確認したりしながら，より具体的に伝え合おうとしている。	思B：ゴールの表現だけでなく，既習の簡単な語句や基本的な表現を2つは用いて，より具体的に伝え合っている。主B：挨拶やアイコンタクトをしながら相手に届く声で，ゴールの表現だけでなく，既習の簡単な語句や基本的な表現を2つは用いて，より具体的に伝え合おうとしている。	思C：ゴールの表現のみで伝えている。主C：ゴールの表現のみで伝えようとしている。または，声が相手に届いていない。
話（発）								
書								

基本表現
（表現）Who is your hero?　My hero is 〜 . Why is 〜 your hero?　He/ She is 〜 . He/ She is good at 〜 . Oh, I see. など
（語彙）一日の生活，性格，頻度，スポーツ，楽器

単元のゴール　自分のヒーローについて友だちと伝え合おう。

3学期　パフォーマンス評価　課題「ゲスト ALT に，日本の四季や憧れの人を紹介しよう。」

<table>
<tr><th colspan="2"></th><th>知・技</th><th>思・判・表</th><th>主体的</th><th>評価規準</th><th>評価方法</th><th colspan="3">評価基準</th></tr>
<tr><td rowspan="6">主となる領域と評価</td><td>聞</td><td></td><td></td><td></td><td></td><td></td><td colspan="3"></td></tr>
<tr><td>読</td><td></td><td></td><td></td><td></td><td></td><td colspan="3"></td></tr>
<tr><td rowspan="2">話（や）</td><td>◎</td><td></td><td></td><td>ゲスト ALT に自分のことを伝えるために，1年間学習してきた語句や表現について理解し，自分の好きなこと・もの，得意なこと，あこがれの人などについて話す技能を身につけている。</td><td rowspan="2">2/2 時
ALT (JTE) と対面して話す（録画）
HRT：後日ビデオをみて評価
ALT (JTE)：やり取りしながら名簿に記入
振り返りシート</td><td>A：憧れの人などについて5文を正しい表現で伝えている。</td><td>B：1〜2回のサポートがあれば，憧れの人などについて5文を正しい表現で伝えている。</td><td>C：憧れの人などについて，3回以上のサポートを受けて伝えている。</td></tr>
<tr><td></td><td>◎</td><td>◎</td><td>ゲスト ALT に自分のことを伝えるために，1年間学習してきた語句や表現を使って，自分の好きなこと・もの，得意なこと，あこがれの人などについて伝え合っている。
（主：伝え合おうとしている。）</td><td>思 A：憧れの人などについて，既習の表現から5文を選択して，適切な文脈で伝え合っている。
主 A：ALT とのやり取りに向けて，外国語科以外でも詳しく伝えるための準備を行っている。かつ，憧れの人などについて，既習の表現から5文を選択して，適切な文脈で伝え合いながら，相手の反応に応じて言い直したり，理解を確認したりしようとしている。</td><td>思 B：憧れの人などについて，既習の表現から5文を選択し，概ね適切な文脈で伝え合っている。
主 B：相手とアイコンタクトをしながら相手に伝わる声で，憧れの人などについて，既習の表現から5文を選択し，概ね適切な文脈で伝え合おうとしている。</td><td>思 C：憧れの人などについて，既習の表現から4文以下しか選択していない。または，文脈が適切でない。
主 C：憧れの人などについて，既習の表現から選択して伝え合おうとしていない。または，声が相手に届いていない。</td></tr>
<tr><td>話（発）</td><td></td><td></td><td></td><td></td><td></td><td colspan="3"></td></tr>
<tr><td>書</td><td></td><td></td><td></td><td></td><td></td><td colspan="3"></td></tr>
</table>

◎…その単元において総括的評価を行う。（ただし，各学期末に行うパフォーマンステストの評価とあわせて学期の評価とする。）

Unit 1　This is me!　自分についてスピーチしよう。

		知・技	思判・表	主体的	評価規準	評価方法	評価基準		
主となる領域と評価	聞	◎			篠栗小の4人の先生の誕生日や好きなものを聞き取り、ワークシートに書いている。	7～8/8時 篠栗小の4人の先生の誕生日や好きなものを聞き取り、ワークシートに書いたもので HRT が評価。	A：4人全員の誕生日を正確に聞き取っている。	B：2～3人の誕生日について正確に聞き取っている。	C：正解が1人以下。
	読								
	話（や）								
	話（発）	◎			自分のことを知ってもらうために、月日の言い方や好きなものやことについて表す簡単な語句や基本的な表現を理解し、それらを用いて自分の考えや気持ちを伝える技能を身につけている。	8/8時 いくつかのグループに分かれてスピーチをし、HRT と ALT (JTE) で名簿に記入。（録画）、振り返りシート	A：使用する言語材料の提示や誰のサポートも無しで、名前、誕生日、好きなものやことについて正しい表現で話している。	B：1～2回のサポートがあれば、名前、誕生日、好きなことについて正しい表現で話している。	C：3回以上のサポートを受けて、名前、誕生日、好きなことについて話している。
			◎	◎	自分のことを知ってもらうために、名前や誕生日、好きなものやことについて話している。（主：話そうとしている。）		思A：ゴールの表現だけでなく、既習の基本的な表現を3つ以上用いて、より具体的に自分のことを伝えている。 主A：思Aに加えて、あいさつ、アイコンタクト、声の大きさ、間などに十分な配慮が見られる。	思B：ゴールの表現だけでなく、既習の基本的な表現を2つ用いて、より具体的に自分のことを伝えている。 主B：思Bに加えて、あいさつ、アイコンタクト、声の大きさに配慮が見られる。	思C：ゴールの表現のみで伝えている。 主C：思Cに加えて、声が全体に届かない。
	書								
基本表現					(表現) I'm ～ . I'm from ～ . I like ～ . My birthday is ～ . など (語彙) アルファベット、国、動物、月、日付など				
単元のゴール					新しい学級の友だちや先生のことを知るために、自己紹介をしよう。				

Unit 2　How is your school life?　宝物を伝え合おう。

		知・技	思判・表	主体的	評価規準	評価方法	評価基準		
主となる領域と評価	聞								
	読								
	話（や）		◎	◎	JTE の先生や新しい ALT の先生に自分の日常生活や宝物、篠栗町の宝物とその理由を伝えるために簡単な語句や基本的な表現を用いて伝え合っている。（主：伝え合おうとしている。）	8/8時 ALT (JTE) と対面して話す。その様子を担任が見て HRT が名簿に記入。振り返りシート	A：ゴールの表現だけでなく、既習の基本的な表現を3つ以上用いるなどして伝えている。 思Aに加えて、写真等の提示、アイコンタクト、声の大きさなどに聞き手への配慮をしたりする姿が見られる。	B：ゴールの表現だけでなく、既習の簡単な語句や表現を2つ程度用いて伝えている。 思Bに加えて、あいさつ、アイコンタクト、声の大きさなどに聞き手への配慮をしたりする姿が見られる。	C：ゴールの表現のみで伝えている。 思Cに加えて、あいさつ、アイコンタクト、声の大きさに配慮しようとする姿が見られない。
	話（発）								
	書	◎			アルファベットの活字体や大文字、小文字の使い分けについて理解し、自分の住んでいる場所と通っている小学校について文で書く技能を身につけている。	p.86の①②に記入したものを HRT が評価。（手元におけるよう HRT が手本を用意。）	A：アルファベット、大文字、小文字の使い分け、ピリオドが全て正しく書けている。	B：アルファベット、大文字、小文字の使い分けに関して、1～2つの間違いがあるが、概ね書けている。	C：アルファベット、大文字、小文字の使い分けに関して、3つ以上の間違いがある。
			◎		文字と文字、語と語のスペースについて理解し、自分の住んでいる場所と通っている小学校について文で書いている。		A：文字と文字、語と語のスペースが全て正しく書けている。	B：文字と文字、語と語のスペースに関して、1～2つの間違いがあるが、概ね書けている。	C：文字と文字、語と語のスペースやピリオドに関して、3つ以上の間違いがある。
基本表現					(表現) I live in ～ . I go to ～ . I usually ～ . My (Our) treasure is ～ . など (語彙) 乗り物、一日の時間、文房具、一日の生活、日常生活など				
単元のゴール					甲斐先生や新しい ALT の先生に自分のことや篠栗町の宝物を伝えよう。				

Unit 3　Let's go to Italy.　旅行代理店でおすすめの国を紹介しよう。

		知・技	思・判・表	主体的	評価規準	評価方法	評価基準		
主となる領域と評価	聞		◎		地域の食べ物や有名な建物など外国の文化や相手の行きたい国について知るために，行ってみたいおすすめの国とその理由を聞き取っている。	8/8 時 友だちのおすすめの国に関する話を聞き，一番心に残った（行ってみたいと思った）国に関してわかったことや感想などをワークシートに書いたものをHRT が分析して評価。	A：友だちが話した国に関する内容をもとに，自分の考えを 2 つ以上書いている。また，聞いている際に，相手に何か質問をしている。	B：友だちが話した国に関する内容をもとに，自分の考えを 1 つ書いている。	C：友だちが話した国に関する内容をもとにした自分の考えになっていない。
	読	◎			アルファベットの活字体の大文字，小文字を識別して，その名称を発音することができる。	教師がアルファベットを指し，発音できるかどうか確認する。※ 5 年時にも実施しているが，再度全員実施し実態を把握する。	A：設定なし	B：26 文字全て識別し発音できる。	C：0 〜 25 文字識別し発音できる。
	話（や）	◎			食べ物や有名なものを表す簡単な語句やできることを表す基本的な表現を理解し，それらを用いて自分のおすすめの国でできること等を伝え合う技能を身につけている。	8/8 時 国ごとにブースをつくり，ツアーコンダクターと客に分かれてやり取りをする様子を HRT と ALT が見取り名簿に記入。	A：使用する言語材料の提示や誰のサポートも無しで，自分の行きたい国やその国でできること等について正しい表現で話している。	B：1 〜 2 回のサポートがあれば，自分の行きたい国やその国でできること等について正しい表現で話している。	C：3 回以上のサポートをうけて，自分が行きたい国とそのできること等について話している。
	話（発）								
	書								
基本表現					(表現) 〜 is . You can 〜 . It's 〜 . など (語彙) 国，様子，食べ物，味など				
単元のゴール					ツアーコンダクターになって，自分が行きたい国とその理由をおすすめしよう。				

学期末　パフォーマンス評価　課題「友だちや ALT（JTE）の先生に，自分の好きなことや行ってみたい国を紹介しよう。」

		知・技	思・判・表	主体的	評価規準	評価方法	評価基準		
主となる領域と評価	聞								
	読								
	話（や）								
	話（発）		◎	◎	友だちや ALT（JTE）の先生に自分のことを知ってもらうために，1 学期に学習した語句や表現を使って自分の好きなことや行ってみたい国とその理由について話している。（主：話そうとしている。） 友だちや ALT（JTE）の先生に自分のことを知ってもらうために，1 学期に学習した語句や表現を使って自分の好きなことや行ってみたい国とその理由について話そうとしている。	2/2 時 全体の前でスピーチをする。HRT は発表を見ながら名簿に記入。	A：友だちや ALT（JTE）の先生に自分のことを知ってもらうために，名前以外に，自分に関する情報について，4 つ以上既習の基本的な表現を選んで話している。	B：友だちや ALT（JTE）の先生に自分のことを知ってもらうために，名前以外に，自分に関する情報について，3 程度既習の基本的な表現を選んで話している。	C：友だちや ALT（JTE）の先生に自分のことを知ってもらうために，名前以外に，自分に関する情報について既習の基本的な表現を 1 〜 2 つ選んで話している。
							思 A に加えて，写真等の提示，アイコンタクト，声の大きさなどに聞き手への配慮をしたりする姿が見られる。	思 B に加えて，あいさつ，アイコンタクト，声の大きさなどに聞き手への配慮をしたりする姿が見られる。	C：思 C に加えて，あいさつ，アイコンタクト，声の大きさに配慮しようとする姿が見られない。
	書								

◎…その単元において総括的評価を行う。（ただし，各学期末に行うパフォーマンステストの評価とあわせて学期の評価とする。）

Unit 4　Summer Vacations in the world　夏休みの思い出を紹介しよう。

<table>
<tr><td rowspan="9">主となる領域と評価</td><td></td><td>知・技</td><td>思・判・表</td><td>主体的</td><td>評価規準</td><td>評価方法</td><td colspan="3">評価基準</td></tr>
<tr><td>聞</td><td>◎</td><td></td><td></td><td>場所や食べたもの，したことやその気持ちを表す簡単な語句や基本的な表現について理解し，聞き取る技能を身につけている。</td><td>3〜6/8時
Let's Listen1 & 2 の解答を見て HRT が評価。</td><td>設定なし</td><td>12 問全問正答</td><td>0〜11 問正答</td></tr>
<tr><td>読</td><td></td><td></td><td></td><td></td><td></td><td></td><td></td><td></td></tr>
<tr><td>話（や）</td><td>◎</td><td></td><td></td><td>夏休みの思い出を伝えるために，場所や食べたもの，したことやその気持ちを表す語句や基本的な表現を理解し，伝え合う技能を身につけている。</td><td>8/8時
HRT のところに 2 回行き，友だちとやり取りをする（ペアは変えておく）。その様子を観察し名簿に記入。ALT や JTE とも協力しく行う。（録画）</td><td>A：サポート無しで，場所や食べ物，したことなどを表す簡単な語句や基本的な表現を正しい表現で伝えている。</td><td>B：1〜2 回のサポートがあれば，場所や食べ物，したことなどを表す簡単な語句や基本的な表現を正しい表現で伝えている。</td><td>C：3 回以上のサポートをうけて，場所や食べ物，したことなどを表す簡単な語句や基本的な表現で伝えている。</td></tr>
<tr><td>話（発）</td><td></td><td></td><td></td><td></td><td></td><td></td><td></td><td></td></tr>
<tr><td>書</td><td></td><td></td><td></td><td></td><td></td><td></td><td></td><td></td></tr>
</table>

基本表現	（表現）I went to 〜. I enjoyed 〜. I ate 〜. It was 〜. など （語彙）したこと，食べ物，自然，デザート，味など
単元のゴール	夏休みの思い出発表会をしよう。

他教科・学校行事との関連

Unit 5　We all live on the Earth.　食物連鎖について発表しよう。

国語科「発表のためのポスターを書こう」，
理科「生物と地球環境」，道徳科「地球があぶない」

<table>
<tr><td rowspan="9">主となる領域と評価</td><td></td><td>知・技</td><td>思・判・表</td><td>主体的</td><td>評価規準</td><td>評価方法</td><td colspan="3">評価基準</td></tr>
<tr><td rowspan="2">聞</td><td rowspan="2"></td><td rowspan="2">◎</td><td rowspan="2">◎</td><td rowspan="2">絶滅危惧種についての発表を聞いて自分にできることを考えるために，それら生き物が住んでいる場所や食べているもの，絶滅の理由など具体的な情報を聞き取っている。（主：聞き取ろうとしている。）</td><td>8/8時
ワークシートに記入したものを HRT が分析し評価。</td><td>A：友だちの発表を聞いて内容を捉えたことを根拠としてあげ，より自分事として自分にできることを考えている。</td><td>B：友だちの発表内容をもとに，自分にできることを考えている。</td><td>C：友だちの発表内容をもとにした自分の考えになっていない。</td></tr>
<tr><td>8/8時
やり取りを見て HRT が名簿に記入。（録画），振り返りシート</td><td>A：相手の言ったことにうなずいたり，語句や表現で反応・質問をしたりするなど，わかるまで聞こうとしている姿が十分に見られる。</td><td>B：相手の言ったことにうなずいたり，OK. などの語句で反応をしたりしながら聞こうとしている。</td><td>C：何も反応していない。</td></tr>
<tr><td>読</td><td></td><td></td><td></td><td></td><td></td><td></td><td></td><td></td></tr>
<tr><td>話（や）</td><td></td><td></td><td></td><td></td><td></td><td></td><td></td><td></td></tr>
<tr><td rowspan="2">話（発）</td><td rowspan="2"></td><td rowspan="2">◎</td><td rowspan="2">◎</td><td rowspan="2">絶滅危惧種について知ってもらうために，それら生き物が住んでいる場所や食べているもの，絶滅の理由を既習の基本的な表現を用いて伝えている。（主：伝えようとしている。）</td><td rowspan="2">8/8時
ブースで友だちに話す様子を観察し，名簿に記入。（録画）</td><td>A：使用する言語材料の提示や誰のサポートも無しで，生き物が食べているもの，住んでいる場所，絶滅の理由などについて正しい表現で話している。</td><td>B：1〜2 回のサポートがあれば，生き物が食べているもの，住んでいる場所，絶滅の理由などについて正しい表現で話している。</td><td>C：3 回以上のサポートを受けて，生き物が食べているもの，住んでいる場所，絶滅の理由などについて話している。</td></tr>
<tr><td>A：思 A に加えて，あいさつ，アイコンタクト，声の大きさ，間などに十分な配慮が見られる。</td><td>B：思 B に加えて，あいさつ，アイコンタクト，声の大きさに配慮が見られる。</td><td>思 C に加えて，あいさつ，アイコンタクト，声の大きさに関して，配慮しようとする姿が見られない。</td></tr>
<tr><td>書</td><td></td><td></td><td></td><td></td><td></td><td></td><td></td><td></td></tr>
</table>

基本表現	（表現）Where do 〜 live? 〜 live in …. What do 〜 eat. 〜 eat …. （語彙）海の生き物，自然，からだ，動物，虫など
単元のゴール	絶滅危惧種について発表し合って，それらを守るために自分にできることを考えよう。

Unit6　Let's think about our food.　オリジナルカレーを紹介しよう。

<table>
<tr><td colspan="2"></td><td>知・技</td><td>思判表</td><td>主体的</td><td>評価規準</td><td>評価方法</td><td colspan="3">評価基準</td></tr>
<tr><td rowspan="10">主となる領域と評価</td><td>聞</td><td></td><td></td><td></td><td></td><td></td><td></td><td></td><td></td></tr>
<tr><td rowspan="2">読</td><td>◎</td><td></td><td></td><td>食材や国名，産地や栄養グループを表す語句や基本的な表現を理解し，書かれたものの意味がわかるために必要な技能を身につけている。</td><td rowspan="2">給食に使われている食材の産地等が書かれたポスターを見てわかったことを記入したものをHRTが評価する。</td><td>A：設定なし</td><td>B：全問正答</td><td>C：1問正答</td></tr>
<tr><td></td><td>◎</td><td></td><td>給食に使われている食材の産地を知るために，食材の名前や産地などが書かれたものの意味がわかっている。</td><td>A：設定なし</td><td>B：4～5問正答</td><td>C：正答が3問以下</td></tr>
<tr><td rowspan="2">話（や）</td><td rowspan="2"></td><td rowspan="2">◎</td><td rowspan="2">◎</td><td rowspan="2">自分で考えてつくったオリジナルカレーを知ってもらうために，食べ物や食材などを表す語句やWhat did you eat for ～ I ate ～. I usually eat ～. ～ is from…. Is in …group. などの表現を用いて伝え合っている。
（主：伝え合おうとしている。）</td><td rowspan="2">8/8時
やり取りの場面で必ずALTに話しに行くようにし，ALTはその場で名簿に記入。
※録画しておき，授業後にHRTが見て評価し，ALTの評価と擦り合わせる。
振り返りシート</td><td>単元の語句や表現以外にも，既習の語句や表現を4つ以上用いたり相手に質問をしたりして伝え合っている。</td><td>単元の語句や表現以外にも，既習の語句や表現を1～3つ程度用いて伝え合っている。</td><td>単元の語句や表現のみで伝え合っている。</td></tr>
<tr><td>始めと終わりの挨拶，アイコンタクトや提示物など，聞き手に伝えるための配慮や工夫が十分にできている。</td><td>アイコンタクトや提示物を用意したりするなど，聞き手に伝えるための配慮が概ねできている。</td><td>アイコンタクトなど，聞き手に伝えようとする配慮が見られない。</td></tr>
<tr><td>話（発）</td><td></td><td></td><td></td><td></td><td></td><td></td><td></td><td></td></tr>
<tr><td>書</td><td></td><td></td><td></td><td></td><td></td><td></td><td></td><td></td></tr>
<tr><td>基本表現</td><td colspan="8">（表現）What did you eat for ～ I ate ～. I usually eat ～. ～ is from…. ～ Is in …group. など
（語彙）食べ物，食事，食材，果物・野菜 など</td></tr>
<tr><td>単元のゴール</td><td colspan="8">家でつくったオリジナル料理を友だちや先生に紹介しよう。</td></tr>
</table>

学期末　パフォーマンス課題：「あなたとつながりのある動物や食べ物，持っているものや人物などについて教えて！」

<table>
<tr><td colspan="2"></td><td>知・技</td><td>思判表</td><td>主体的</td><td>評価規準</td><td>評価方法</td><td colspan="3">評価基準</td></tr>
<tr><td rowspan="6">主となる領域と評価</td><td>聞</td><td></td><td></td><td></td><td></td><td></td><td></td><td></td><td></td></tr>
<tr><td>読</td><td></td><td></td><td></td><td></td><td></td><td></td><td></td><td></td></tr>
<tr><td rowspan="2">話（や）</td><td>◎</td><td></td><td></td><td>Unit4,5,6を中心に，これまでに学習した簡単な語彙や基本的な表現を文脈の中で正しく用いて話している。</td><td rowspan="2">1～2/2時
ALTと対面して話す。可能ならHRTも同席し，やり取りを見ながら名簿に記入。（録画）
※ Unit4,5,6と評価とあわせて行う。</td><td>サポート無しで，学習した簡単な語句や基本的な表現を正しく用いて話している。</td><td>1～2つの間違いはあるものの，学習した簡単な語句や基本的な表現を正しく用いて話している。</td><td>学習した簡単な語句や基本的な表現を正しく用いていないところが3つ以上ある。</td></tr>
<tr><td></td><td>◎</td><td>◎</td><td>自分と世界のつながりについて伝えるために，Unit4,5,6を中心に，これまでに学習した簡単な語彙や基本的な表現を選択して話している。
（主：話そうとしている。）</td><td>思A：自分と世界のつながりについて伝えるために，既習の語句や表現，質問などを含めて8文以上使って話している。
主A：あいさつ，アイコンタクトや声の大きさ，提示物の準備など，相手に伝えるための配慮や工夫が十分に見られる。</td><td>思A：自分と世界のつながりについて伝えるために，既習の語句や表現，質問など含めて6～7文程度使って話している。
主A：あいさつ，アイコンタクト，声の大きさなど相手に配慮して話そうとする姿が見られる。</td><td>【思判表】既習の語句や表現，質問など含めて5文以下で，かつ，意味が通じづらい。
【主】あいさつやアイコンタクト，声の大きさなど，聞き手に伝えようとする配慮が見られない。</td></tr>
<tr><td>話（発）</td><td></td><td></td><td></td><td></td><td></td><td></td><td></td><td></td></tr>
<tr><td>書</td><td>◎</td><td></td><td></td><td>アルファベットの活字体の大文字，小文字の書き方を理解し，四線上に正しく書く技能を身につけている。</td><td>アルファベットが発音されるのを聞き，その大文字と小文字を四線上に正しく書いている。</td><td>大文字，小文字の26文字全て，教科書通りに正しく書いている。</td><td>大文字，小文字の26文字全て，正しく書いている。</td><td>1～25文字，正しく書いている。</td></tr>
</table>

◎…その単元において総括的評価を行う。（ただし，各学期末に行うパフォーマンステストの評価とあわせて学期の評価とする。）

Unit7 My Best Memory. 小学校の思い出のアルバムを紹介し合おう。

国語科「卒業文集」を作ろう，学活「1年間を振り返ろう」，学校行事「運動会」「修学旅行」

		知・技	思・判・表	主体的	評価規準	評価方法	評価基準		
主となる領域と評価	聞								
	読	◎			学校行事や建物，したことやそのときの気持ちなど簡単な語句や基本的な表現を理解し，思い出について書かれた文を読んで意味を捉える技能を身につけている。	7〜8/8時 友だちやHRTの思い出が書かれたものを読み，わかったことをワークシートに記入。HRTが分析して評価。	A：設定なし	B：全問正答	C：1問正答
			◎		友だちや先生の小学校の思い出を知るために，友だちや先生が書いた思い出シートを読んで意味がわかっている。		A：設定なし	B：4〜5問正答	C：正答が3問以下
	話(や)								
	話(発)								
	書	◎			小学校の思い出を伝えるために，学校行事やしたことなどの語句や思い出を表す基本的な表現を理解し，書く技能を身につけている。	7〜8/8時 思い出シートを見て，アルファベット，大文字，小文字の使い分け，ピリオドに関してHRTが評価。	A：アルファベットの書き方，大文字，小文字の使い分け，ピリオドが全て正しく書けている。	B：アルファベットの書き方，大文字，小文字の使い分け，ピリオドに関して，1〜2つの間違いがあるが，概ね書けている。	C：アルファベットの書き方，大文字，小文字の使い分け，ピリオドに関して，3つ以上の間違いがある。
			◎	◎	小学校の思い出について伝えるために，自分の考えや気持ちなどを書いている。（主：書こうとしている。）	7〜8/8時 思い出シートを見て文字と文字，語と語のスペース，文の構成や文脈に関してHRTが評価。振り返りシート	思A：文字と文字，語と語のスペースが適切に書けている。かつ，文脈が適切。 主A：思判表に準ずる	思B：文字と文字，語と語のスペースに関して，1〜2つの間違いがあるが，概ね適切に書けている。 主A：思判表に準ずる	思C：文字と文字，語と語のスペースに関して，3つ以上適切でないところがある。 主C：思判表に準ずる
基本表現					（表現）My best memory is 〜. We went 〜. We saw 〜. I enjoyed 〜. など (語彙)学校行事，したこと，建物，動作など				
単元のゴール					思い出シートを書いて，学級のアルバムをつくろう。				

Unit8 My Future, My Dream 夢宣言カードでスピーチをしよう。

道徳科「夢に向かって」

		知・技	思・判・表	主体的	評価規準	評価方法	評価基準		
主となる領域と評価	聞	◎			部活動や学校行事，動作，職業の言い方などに関する簡単な語句や基本的な表現について理解し，具体的な情報を聞き取る技能を身につけている。	3〜6/8時 Let's Listen1,2の記述を点検し，HRTが評価。	設定なし	4問正答	0〜3問正答
	読								
	話(や)								
	話(発)		◎		中学校で入りたい部活動や楽しみにしていること，将来のことについて伝えるために，学習した簡単な語句や基本的な表現を使って話している。	8/8時 全体の前でスピーチをする。その様子を観察しながらHRTが名簿に記入。振り返りシート	A：中学校生活で楽しみなことや将来の夢について伝えるために，既習の簡単な語句や基本的な表現を，質問を含めて8文以上使って話している。	B：中学校生活で楽しみなことや将来の夢について伝えるために，既習の語句や表現，質問などを含めて6〜7程度使って話している。	C：既習の語句や表現，質問など含めて5文以下で，かつ，意味が通じづらい。
				◎	中学校で入りたい部活動や楽しみにしていること，将来のことについて伝えるために，学習した簡単な語句や基本的な表現を使って話そうとしている。		思Aに加えて，あいさつやアイコンタクト，声の大きさや間，提示物の準備など，聞き手に伝えるための配慮を自ら行っている。	思Bに加えて，あいさつやアイコンタクト，声の大きさや間など，聞き手に伝えるための配慮を概ねしている。	思Cまたは，あいさつ，アイコンタクト，声の大きさなどが1つでも不十分。
	書								
基本表現					（表現）I want to join 〜. I want to enjoy 〜. I'm good at 〜. I want to be 〜. (語彙)部活動，学校行事，動作，教科，職業など				
単元のゴール									

　◎…その単元において総括的評価を行う。（ただし，各学期末に行うパフォーマンステストの評価とあわせて学期の評価とする。）

「書く」と「書き写す」はどのように違うのですか。
また，書くことにおける「思考・判断・表現」の具体例を教えてください。

　目標を見ると，3つのことが示されています。①の「書く」は，大文字，小文字を活字体で何も見ずに書くことができることを指しています。では②の「書き写す」と③の「書く」はどう違うのでしょう。どちらも音声で十分に慣れ親しんだ簡単な語句や基本的な表現が対象になっていることは同じです。②の「書き写す」は，対象とする語を手本にして，その字形をそのまま同じように書くことができることを指しています。③の「書く」は，「自分のことや身近で簡単な事柄について」というように自分が表現したい内容があります。参考とする例文の一部分を自分の表現したいものに置き換えて，文や文章を書き表すことを指しています。いろいろな語から表現したい語を自己選択して書くという点が②とは異なる姿です。

　本書籍 p.61 に示す事例をもとに「書くこと」の「思考・判断・表現」の評価について整理してみましょう。この事例では，ALT に日本の季節ポストカードをプレゼントしようという目的意識と相手意識が設定されています。自分なら，どの季節のどんな日本の行事のことを ALT におすすめしたいか考え，単元で親しんできた表現の中から選んで季節カードを作成していきます。カードを作成する際にお手本となる文は，単元の中で何度も言ったり聞いたりして十分に音声に親しんでいることが前提です。また単元の初めには，「ALT にポストカードをプレゼントしよう」という最後の活動としてのゴールを共有しています。授業では，少しずつ書く活動を設定しており，四線上に正しく書くことができているかを評価し，一斉指導やワークシートへのコメント等の細やかな個別指導を行っています。評価したことをただ記録するだけでなく，改善にむけて評価を必ずいかしています。

　「思考・判断・表現」の記録に残す評価は，最後のポストカードづくりにおける活動を評価場面とします。相手である ALT に伝わりやすいように文字と文字，語と語の間のスペースを空けることを意識しながら書くことができているか，またどんな内容をどんな順序で書くとよいか考えて書いていたかについて，完成したポストカードだけでなく，行動観察や振り返りシートの記述内容も参考にしながら評価を行っていきます。

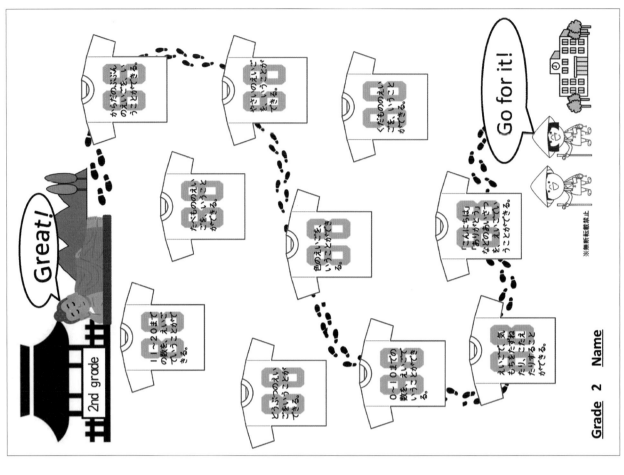

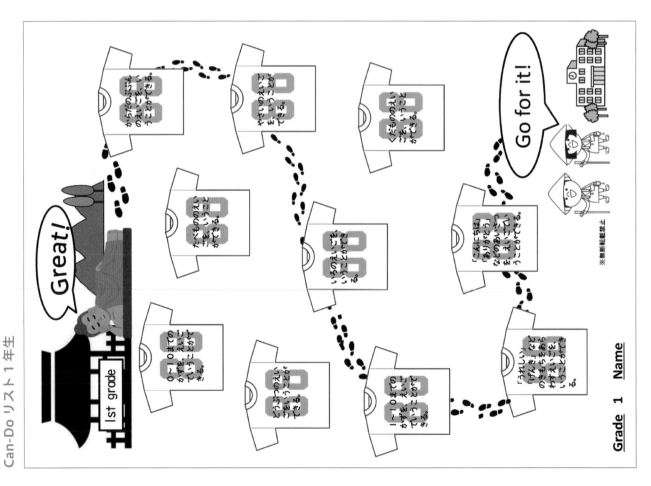

他教科関連カリキュラム 1年生

※少しでも関連させられる可能性がある単元について載せています。

英語タイム	国語	算数	音楽	図工	体育	生活	道徳	地域・くらし
あいさつをしよう	ひとことつながることば						あいさつでげんき	あいさつうんどう
かずのえいごであそぼう		かずとすうじ						
いろのえいごであそぼう				ひかりのくにのなかまたち				
くだもののえいごであそぼう	サラダでげんき							
やさいのえいごであそぼう								
ハッピーハロウィン								
どうぶつのえいごであそぼう			おんがくランド こぶたぬきつねこ			いきものとなかよし		
たべもののえいごであそぼう								
メリークリスマス							がいこくとにっぽんのちがい	
からだのぶぶんのえいごであそぼう					からだあそびの うんどうあそび			
もっとかずのえいごであそぼう		かずとすうじ						
1年かんのえいごであそぼう								

他教科関連カリキュラム 2年生

英語タイム	国語	算数	音楽	図工	体育	生活	学活	道徳	地域・くらし
あいさつをしよう								がいこくにしたしむ あいさつがきらいな王さま	あいさつ運動
数のえい語であそぼう									
色のえい語であそぼう				のりのり おはなながみで					
くだもののえい語であそぼう									
野さいのえい語であそぼう						ぐんぐんそだて わたしのやさい		やさいむらの子どもたち	
どうぶつのえい語であそぼう	どうぶつのひみつをさぐろう	表とグラフ							
ハッピーハロウィン									
体のぶぶんのえい語であそぼう					体ほぐしの運動		からだと健康		
食べもののえい語であそぼう	絵を見てお話を書こう					まちのすてきを たんけんしよう			
メリークリスマス			クリスマスソングを歌おう						
もっと数のえい語であそぼう									
1年間のえい語であそぼう									

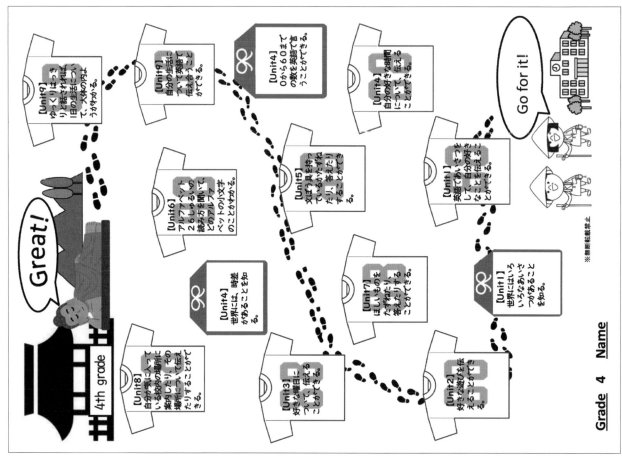

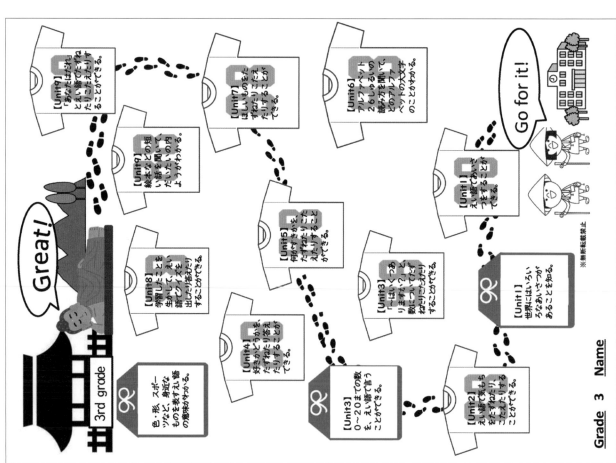

他教科関連カリキュラム 3 年生

※少しでも関連させられる可能性がある単元について載せています。

Unit	外国語活動	国語	算数	音楽	図工	学活	地域・くらし
1	Hello! あいさつをして友だちになろう			世界中の子どもたちが		3年生になって	あいさつ運動
2	How are you? ごきげんいかが？						
3	How many? かぞえてあそぼう						
4	I like blue. すきなものをつたえよう	話したいな、わたしのすきな時間					
5	What do you like? 何がすき？		表とグラフ				
6	ALPHABET アルファベットとなかよし	ローマ字の書き方					
7	This is for you. Thank you カードをおくろう	手紙を書こう	円と球 三角形		でこぼこさん大集合		日ごろの感謝の気持ちを伝えよう
8	What's this. これなあに？						
9	Who are you? きみはだれ？						

他教科関連カリキュラム 4 年生

Unit	外国語活動	国語	理科	図工	体育	総合的な学習の時間	学活	道徳	地域・くらし
1	Hello, world! 世界のいろいろな言葉であいさつをしよう						4年生になって		あいさつ運動
2	Let's play cards. すきな遊びをつたえよう	百人一首の世界に親しもう	天気と気温		体ほぐしの運動		お楽しみ会の計画をたてよう		
3	I like Mondays. すきな曜日は何かな？								
4	What time is it? 今、何時？							自分の生活を見つめ直そう	
5	Do you have a pen? おすすめの文房具セットをつくろう			とびだすハッピーカード					
6	Alphabet アルファベットで文字遊びをしよう	ローマ字の書き方							
7	What do you want? ほしいものは何かな？			願いの種から		つなげよう！過去現在未来の自分		世界のいろいろな料理	
8	This is my favorite place. お気に入りの場所をしょうかいしよう								分校交流
9	This is my day. ぼく・わたしの一日	山場のある物語を書こう							

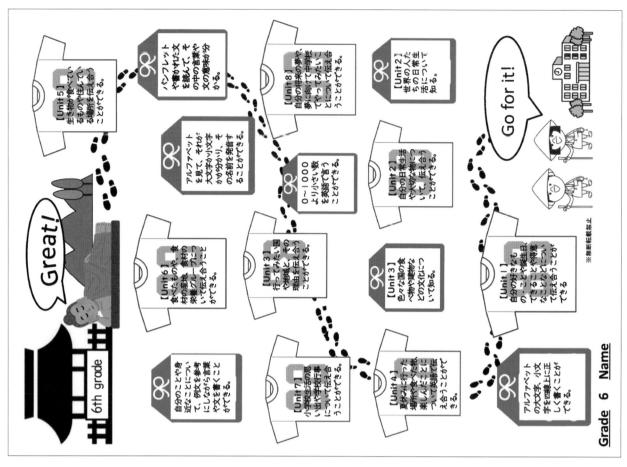

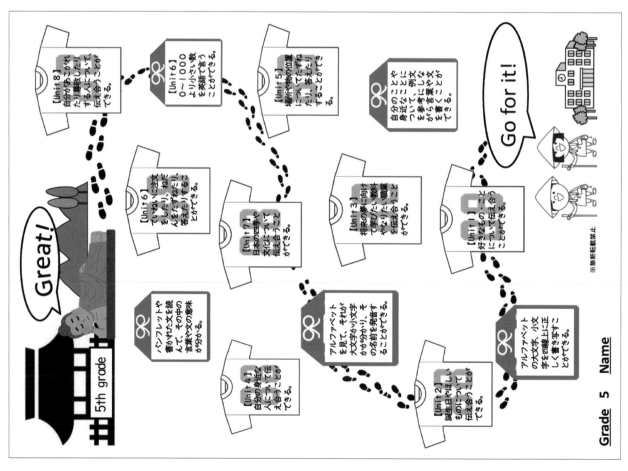

他教科関連カリキュラム5年生

※少しでも関連させられる可能性がある単元について載せています。

Unit	外国語科	国語	社会	音楽	図工	家庭	総合的な学習の時間	道徳	地域・くらし
1	Hello, friends! 名刺交換をしよう								あいさつ運動
2	When is your birthday? バースデーカードをおくろう								
3	What do you want to study? 夢に近づく時間割を紹介しよう								
4	He can bake bread well. 身近な人紹介カードをつくろう							家族の紹介	
5	Where is the post office? オリジナルタウンで道案内しよう				あったらいい町、 どんな町		集団学習を 成功させよう		
6	What would you like? ふるさとメニューを注文しよう		くらしを支える 食料生産			食べて元気に		短所も長所	
7	Welcome to Japan. 日本の四季ポストカードを紹介しよう	和の文化について 調べよう	くらしを支える 食料生産	日本の民謡を たずねて				世界の文化遺産	
8	Who is your hero? ヒーローを紹介しよう	日本語と外国語						氷上の挑戦 変えたもの・ 変えなかったもの	

他教科関連カリキュラム6年生

Unit	外国語科	国語	社会	理科	家庭	総合的な学習の時間	学校行事	学活	道徳	地域・くらし
1	This is me! 自分についてスピーチしよう									あいさつ運動
2	How is your school life? 宝物を伝え合おう		日本とつながりの 深い国々			わたしたちの 篠栗町				
3	Let's go to Italy. 旅行代理店でおすすめの国を紹介しよう		日本とつながりの 深い国々							
4	Summer Vacation in the World 夏休みの思い出を紹介しよう									
5	We all live on the Earth. 食物連鎖について発表しよう	発表のための ポスターを書こう		生物と地球環境					地球があぶない	
6	Let's think about our food. オリジナルカレーを発表しよう		わたしたちの生活 と食料生産（5年）		献立を工夫して					
7	My Best Memory 小学校の思い出のアルバムを紹介し合おう	[卒業文集] を つくろう					運動会 修学旅行	1年間を 振り返ろう		
8	My Future, My Dream 夢宣言カードでスピーチをしよう								夢に向かって	

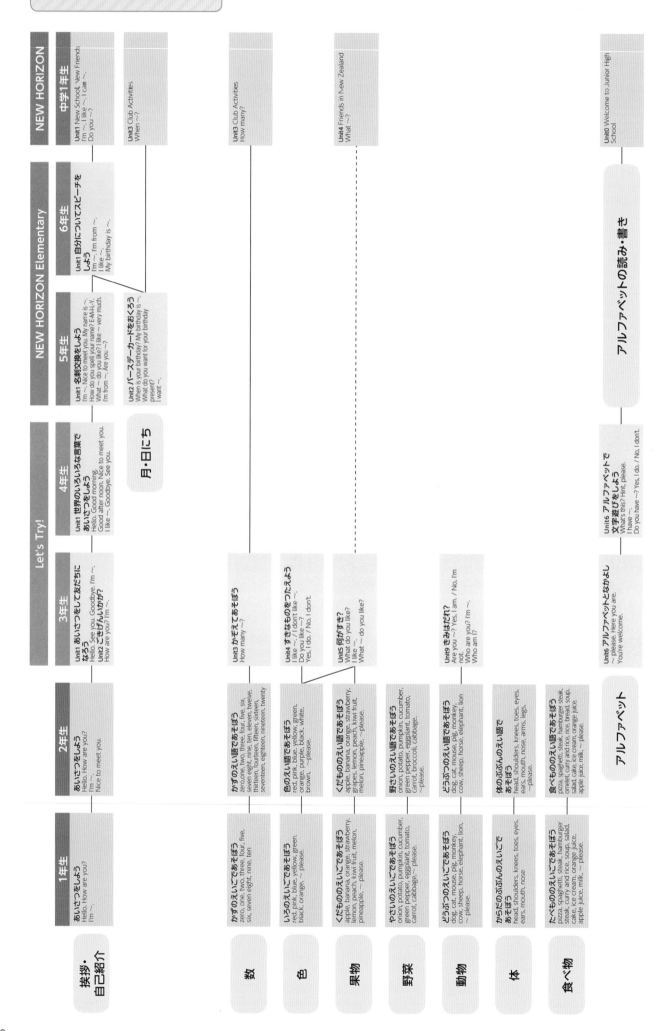

NEW HORIZON

中学1年生
Unit1 New School, New Friends
I'm ～. I like ～. I can ～.
Do you ～?

Unit3 Club Activities
When ～?

Unit3 Club Activites
How many?

Unit4 Friends in New Zealand
What ～?

Unit0 Welcome to Junior High School

NEW HORIZON Elementary

6年生
Unit1 自分についてスピーチをしよう
I'm ～. I'm from ～.
I like ～.
My birthday is ～.

5年生
Unit1 名刺交換をしよう
I'm ～. Nice to meet you. My name is ～.
How do you spell your name? E-M-I-L-Y.
What ～ do you like? I like ～ very much.
I'm from ～. Are you ～?

Unit2 バースデーカードをおくろう
When is your birthday? My birthday is ～.
What do you want for your birthday present?
I want ～.

月・日にち

Let's Try!

4年生
Unit1 世界のいろいろな言葉で
あいさつをしよう
Hello. Good morning.
Good after noon. Nice to meet you.
I like ～. Goodbye. See you.

3年生
Unit1 あいさつをして友だちに
なろう
Hello. See you. Goodbye. I'm ～.
Unit2 ごきげんいかが?
How are you? I'm ～.

Unit3 かぞえてあそぼう
How many ～?

Unit4 すきなものをつたえよう
I like ～. / I don't like ～.
Do you like ～?
Yes, I do. / No, I don't.

Unit5 何がすき?
What do you like?
I like ～.
What ～ do you like?

Unit5 きみはだれ?
Are you ～? Yes, I am. / No, I'm not.
Who are you? I'm ～.
Who am I?

Unit6 アルファベットとなかよし
～ please. Here you are.
You're welcome.

アルファベット

アルファベットの読み・書き

Unit6 アルファベットで
文字遊びをしよう
What's this? Hint, please.
I have ～.
Do you have ～? Yes, I do. / No, I don't.

2年生
あいさつをしよう
Hello. How are you?
I'm ～.
Nice to meet you.

かずのえいごであそぼう
zero, one, two, three, four, five, six,
seven eight, nine, ten, eleven, twelve,
thirteen, fourteen, fifteen, sixteen,
seventeen, eighteen, nineteen, twenty

色のえい語であそぼう
red, pink, blue, yellow, green,
orange, purple, black, white,
brown, ～please.

くだもののえい語であそぼう
apple, banana, orange, strawberry,
grapes, lemon, peach, kiwi fruit,
melon, pineapple, ～please.

野さいのえい語であそぼう
onion, potato, pumpkin, cucumber,
green pepper, eggplant, tomato,
carrot, broccoli, cabbage,
～please.

どうぶつのえい語であそぼう
dog, cat, mouse, pig, monkey,
cow, sheep, horse, elephant, lion
～please.

体のぶぶんのえい語で
あそぼう
head, shoulders, knees, toes, eyes,
ears, mouth, nose, arms, legs,
～please.

食べもののえい語であそぼう
pizza, spaghetti, steak, hamburger steak,
omelet, curry and rice, bread, soup,
salad, cake, ice cream, orange juice,
apple juice, milk, ～ please.

1年生
あいさつをしよう
Hello. How are you?
I'm ～.

かずのえいごであそぼう
zero, one, two, three, four, five,
six, seven eight, nine, ten

いろのえいごであそぼう
red, pink, blue, yellow, green,
black, orange, ～ please.

くだもののえいごであそぼう
apple, banana, orange, strawberry,
lemon, peach, kiwi fruit, melon,
pineapple, ～ please.

やさいのえいごであそぼう
onion, potato, pumpkin, cucumber,
green pepper, eggplant, tomato,
carrot, cabbage, ～ please.

どうぶつのえいごであそぼう
dog, cat, mouse, pig, monkey,
cow, sheep, horse, elephant, lion
～ please.

からだのぶぶんのえいごで
あそぼう
head, shoulders, knees, toes, eyes,
ears, mouth, nose

たべもののえいごであそぼう
pizza, spaghetti, steak, hamburger
steak, curry and rice, soup, salad,
cake, ice cream, orange juice,
apple juice, milk, ～ please.

挨拶・自己紹介

数

色

果物

野菜

動物

体

食べ物

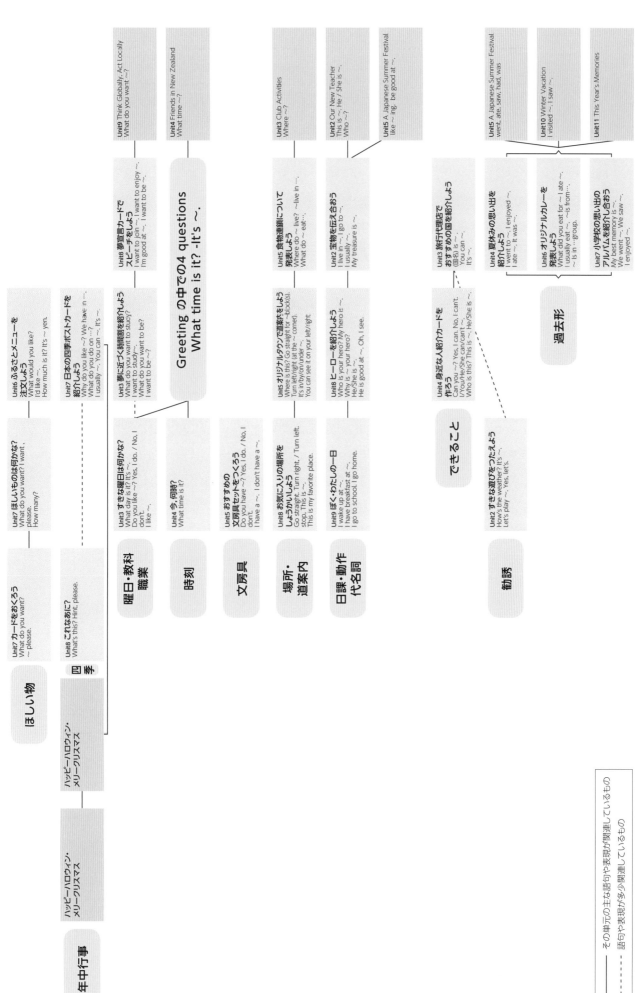

あとがき

　本校がある篠栗町は、若杉山をはじめ、緑あふれる自然豊かな町です。また、篠栗霊場（篠栗四国八十八か所）があり、篠栗小学校区には、霊場に関わる札所が多数あります。歴史を紐解けば、現在、篠栗小学校がある場所については、篠栗町誌に「篠栗宿駅」の記述があり、黒田氏による藩政時代に筑前六街道が整備され、篠栗街道はその一つとされています。本校は、「篠栗宿駅」の中心にあたる「お茶屋」の近くであり、当時の年貢蔵（殿倉ともいう）のあった歴史ある場所に建っていることになります。自然に囲まれ、歴史を感じという恵まれた環境の中で、伸び伸びと学校生活を送ることのできる子供たちはとても幸せに思います。

　本校では、平成28年度より糟屋地区市町教育委員会連絡協議会の研究指定・委嘱校として「英語教育」の研究に取り組んできました。研究を始めた平成28年度は、情報収集の年として、福岡県内外の「英語教育」推進校に視察に行きました。「百聞は一見に如かず」ということわざの通り、HLTの役割がいかに大切かを知る機会となりました。平成29年度は、授業研修中心に取り組み、担任のみで行う授業、ALTやJTEと連携した授業の在り方を模索しました。授業研修を積み重ねていくことで、楽しみながらも、あらゆる手段を使って必死に伝えようとする子供の姿、クラスルームイングリッシュを駆使しながらも笑顔で授業を進めていく先生方の姿が見られるようになりました。「Let's challenge!」「まずは、やってみよう！」同学年を中心に研修部が関わりながら、協議し、新たな授業を創り上げていくことができたのは、大きな成果となり、今につながっています。

　令和2年度、新学習指導要領が全面実施となりました。小学校の外国語教育を踏まえた授業の実施にあたって、指導者に求められることは、①英語による言語活動の指導であること②音声中心の学習から段階的に読むこと、書くことにも慣れ親しむこと③中学校への円滑な接続を行うこと④国語や我が国の文化についても理解すること⑤児童の不安を取り除き、失敗を恐れない雰囲気づくりを行うこと⑥各教科との関連付けを図ること等があげられています。

　本校では、学級担任が主になって行う授業づくりを積み重ねてきました。それは、外国語活動、外国語科にベースには、学級担任が行う学級づくりが重要であることを実感したからです。担任であることの強みは、なんと言っても、豊かな児童理解に基づいた授業が構成できるということです。子供たちが失敗を恐れずに身振り手振りを交えながら、英語を駆使して使うことに挑戦していくことができる雰囲気づくり。これは、担任による学級集団づくりが必要不可欠です。本校では、年度初めに、学級会を行い、担任と子供たちで思いや考えを出し合いながら「学級の目標」を作成しています。支持的風土のある学級を目指すことは、学びの向上につながっています。

　本書では、「授業づくり」を核にしながら、「他教科との関連」「評価の在り方」の3つの視点を中心に述べています。本校の研究は、まだ、日も浅く多くの課題を残していますが、皆さんのお役に立てれば幸いに思います。

　最後になりましたが、日頃から温かいご指導を賜り、本書の監修をいただきました文部科学省初等中等教育局視学官直山木綿子先生、別府大学短期大学部初等教育科准教授大田亜紀先生、また、授業づくりにおいて、方向性を示すご助言をいただいた長崎大学教育学部教授中村典生先生、刊行にあたり尽力をつくしていただきました東京書籍様に心より感謝申し上げます。

令和2年度　篠栗町立篠栗小学校校長　横尾優子

Introducing Sasaguri Town

篠栗九大の森（ささぐりきゅうだいのもり）は，日本の北部九州地方，福岡県糟屋郡篠栗町和田に所在する森。九州大学農学部附属演習林の一つです。福岡演習林（総面積約513ha。1922年〈大正11年〉設置）の一角で，敷地の西端にある蒲田池を取り囲む約17haの林地，無料一般開放されている区域です。

篠栗四国八十八ヶ所霊場の一つ，山王寺（福岡県篠栗町）。毎年，6月頃から9月頃まで「山王寺 風鈴祭り」が開催されます。近年はSNSで有名となり，インスタ映え・フォトジェニックスポットとして注目を集めています。

福岡県篠栗町に位置する，篠栗四国霊場の総本寺で，第一番札所でもある「南蔵院（なんぞういん）」。ここの1番の見どころはなんといっても世界一大きいとされる巨大「釈迦涅槃像（しゃかねはんぞう）」。このスケールは実際目の前で体感するしかありません!!

篠栗町観光協会の事業の一つに「子ども寺子屋」があります。年に数回，霊場会の若手僧侶の皆さんに札所を案内していただきながら「お遍路体験」をします。これは「夏のお遍路体験」の様子です。

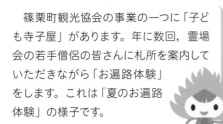

■監修者

直山　木綿子（なおやま　ゆうこ）　文部科学省初等中等教育局視学官・文部科学省初等中等教育局情報教育・外国語教育課調査官・国立教育政策研究所教育課程研究センター研究開発部教育課程調査官・学力調査官

英語科教諭として京都市の中学校に勤務した後，1998 年度より京都市立永松記念教育センター（現京都市総合教育センター）に勤務し，小学校英語，外国語活動のカリキュラム，教材等を開発。2009 年 4 月に文部科学省初等中等教育局教科調査官，国立教育政策研究所教育課程研究センター教育課程調査官に就任。2019 年 4 月より，現職。

大田　亜紀（おおた　あき）　別府大学短期大学部　初等教育科　准教授

福岡県小学校教諭として勤務。現職教員派遣研修として上越教育大学大学院修士課程修了後，福岡県教育センター教育指導部指導主事として福岡県内の小学校外国語教育の指導支援，研修等を実施。小学校教頭職を経て，2019 年 4 月より現職。

■編著

篠栗町立篠栗小学校（ささぐりちょうりつささぐりしょうがっこう）

横尾　優子（よこお　ゆうこ）

山口　仁美（やまぐち　ひとみ）

木下　幸（きのした　さち）

入江　彩香（いりえ　あやか）

相野　真利奈（あいの　まりな）

徳永　朋子（とくなが　ともこ）

上村　麗子（かみむら　れいこ）

■本文イラスト：アサイチエ　後藤知江
■編集協力：東京書籍 (株)　榮彰子　英語編集部
　　　　　　大西史敏　叶雅也　河村拓也　隈三智夫
　　　　　(株) リーブルテック　西田ちえみ

Let's Challenge!! 伝わる喜びを味わう子どもが育つ小学校英語教育

2021 年 10 月 8 日　第 1 刷発行

監　修　直山木綿子　大田亜紀
編　著　篠栗町立篠栗小学校
発行者　千石　雅仁
発行所　東京書籍株式会社
　　　　〒 114-8524　東京都北区堀船 2-17-1
　　　　03-5390-7531（営業）／ 03-5390-7445（編集）
印刷所　株式会社リーブルテック

Copyright ©2021 by Sasaguri Municipal Sasaguri Elementary School
All rights reserved.
Printed in Japan
ISBN978-4-487-81358-2 C0037
乱丁・落丁の場合はお取替えいたします。
本書の内容の許可のない無断使用はかたくお断りします。

★本書の購入者専用サイトには，『篠栗小学校の実践に関する資料』を掲載しております。
下記 URL をぜひご覧ください。

https://sasaguri.tokyo-shoseki.co.jp/

ISBN978-4-487-81358-2

C0037 ¥1600E

定価 1,760 円

（本体 1,600 円＋税 10%）

9784487813582

1920037016005

篠栗町立篠栗小学校
（ささぐり）
（福岡県糟屋郡篠栗町）

　明治 7 （1874）年に創立。校区には篠栗四国霊場に関わる礼所が多数あり，歴史的な文化と豊かな自然環境に恵まれている。また，町の東部（萩尾区）にある分校とともに，地域に根付いた教育を行っている。
（はぎのお）

　平成 28 年度より「伝わる喜びを味わう児童が育つ小学校英語教育の在り方」を研究主題とした英語教育の研究を開始。豊かな児童理解に基づく授業が構成できるという，学級担任の強みをいかした授業づくりを大切にした実践に取り組んでいる。

GIGAスクールで実現する新しい学び

1人1台環境での学力向上と全職員でのオンライン学習

東京工業大学名誉教授　赤堀　侃司
東北大学大学院教授　堀田　龍也
玉川大学教職大学院教授　久保田善彦

編著　つくば市教育局総合教育研究所
　　　つくば市立みどりの学園義務教育学校

1人1台　二人1台　グループ1台　先生1台　クラス1台

いろいろな展開例を収録

日本 e-Learning 大賞
「**文部科学大臣賞**」受賞

日本教育工学協会 学校情報化認定 2020年度
「**学校情報化先進校**」受賞

文部科学省 GIGA スクール構想
「**学校における1人1台端末環境**」
公式プロモーション動画（実践校）

文部科学省 **学校 ICT 活用フォーラム**（令和2年1月16日）
授業公開校

「開校1年目の**普通の公立学校の全職員**が
先進的 ICT 教育で学力向上を図り，
コロナ休校翌日から**オンライン学習**」

んな**年代の先生**でもできる！

「**世界のあしたが見える学校**」をスローガンとする
つくば市立
みどりの学園 義務教育学校の
実践事例を
多数掲載！

東京書籍

第1章 **GIGA スクール時代の ICT 活用**

学びを止めないためにすべての児童生徒に先進的な学習環境を ……………………… 2
   （一社）ICT CONNECT 21 会長　東京工業大学名誉教授　**赤堀 侃司**

アフターコロナ時代の ICT 活用とは ……………………………………………………… 6
   東北大学大学院情報科学研究科教授　**堀田 龍也**

GIGA スクールで活躍する教師
―マインドセットを変換しよう― ……………………………………………………… 11
   玉川大学教職大学院教授　**久保田 善彦**

第2章 **学びを止めず誰一人取り残さないつくば市の ICT 教育**

学びを止めず誰一人取り残さない ICT 教育を実践したつくば市の教育
―これまでの ICT 教育の積み重ねが生かされた― ……………………………… 16
   つくば市教育委員会教育長　**森田 充**

休校時も登校時も学びを止めないシームレスな教育活動を目指します
―つくば市最先端 EdTech でこれからのスタンダードな学びへ― ……………… 18
   つくば市教育委員会指導主事（情報教育担当）　**中村 めぐみ**

第3章 **学びを止めない，みどりの学園休校中のオンライン学習**

休校の次の日からオンライン学習ができた訳 ………………………………………… 24
   つくば市立みどりの学園義務教育学校長　**毛利 靖**

オンライン学習成功の秘密を探る ……………………………………………………… 26
   玉川大学教職大学院教授　**久保田 善彦**

休校中，分散登校中のオンライン学習の流れ ………………………………………… 28

実践事例（全 12 例） ……………………………………………………………… 30 ～ 52

実践-1 学校家庭でシームレスにインタラクティブなオンライン学習を実現した
   クラウド型グループウェア …………………………30
実践-2 学校でも家庭でも学習履歴がとれるつくば教育クラウドeラーニング
   「つくばチャレンジングスタディ」 ………………32
実践-3 担任が創ることで子供との絆を深める「オンライン動画」 …………………34
実践-4 「オンライン動画」のつくり方，ポイント，工夫点，留意点，機材 ………36
実践-5 オンライン動画の紹介 …………………………38

実践-6 子供と担任との心が通うコミュニケーションツール「せんせいあのね」 ……42
実践-7 学校と保護者を結ぶ「みどりのメール」の活用 ……………………………44
実践-8 子供が教材をダウンロード，アンケートや確認テストができる「0年生の教室」…46
実践-9 アンケート機能や確認テストの作成方法 ……………………………………48
実践-10 管理職自ら休校中の ICT 活用で校務軽減 …………………………………50
実践-11 ICT を活用した保健管理・保健教育 ……………………………………51
実践-12 学校で支払い完了！ 学校徴収金のオンライン運用 ………………………52

第4章 **1人1台環境で実現する新しい学びの実践事例**

公立学校開校1年目から全職員が取り組んだパソコン1人1台での ICT 活用の成果 ……… 54
   つくば市立みどりの学園義務教育学校長　**毛利 靖**

みどりの学園の実践事例を分析する …………………………………………………… 56
   玉川大学教職大学院教授　**久保田 善彦**

実践事例（全 38 事例） ……………………………………………………………… 58 ～ 95

■全学年
1. つくばスタイル　プレゼンテーションコンテスト …………58
2. 各教科　つくばチャレンジングスタディ …………………59
3. 各教科　大型提示装置 ………………………………………60
4. 全教科　デジタル教科書 ……………………………………61
■1年
5. 国語　のりもの図鑑をつくろう …………………………62
6. 外国語　Let's go to Robophone Shop! 楽しく買い物をしよう …………63
7. 国語　プログラミング「スイミー」 ………………………64
8. 図工　すいぞくかんをつくろう ……………………………65
■2年
9. 生活　自分のまちで見つけたことをしょうかいしよう …………66
10. つくばスタイル　はじめようエコアクション …………67
11. 図工　ふしぎなたまご ……………………………………68
■3年
12. 国語　詩や短歌の情景を読もう …………………………69
13. 学級活動　3年1組をよりよくするためには …………70
14. 音楽　日本の音楽に親しもう ……………………………71
15. つくばスタイル　ビュートレーサーでゴールを目指そう …………72
■4年
16. 社会　都道府県の形，名所や特産品をプログラミングで紹介しよう ………73
17. 理科　こん虫クイズをつくろう …………………………74
18. 理科　スタディネットで動植物調査 ……………………75
19. つくばスタイル　教育版レゴ® マインドストーム® EV3 でtime trial race …76

■5年
20. 算数　正多角形の作図をプログラミングで解決 …………77
21. つくばスタイル　Pepper を用いて学校の良さを紹介しよう …………78
22. 社会　くらしを支える食料生産 …………………………79
23. つくばスタイル　SDGs シールを使ってエコ生活を広めよう …………80
24. つくばスタイル　ロボホンで「環境かるた」を楽しもう …………81
25. 外国語　外国の人に，自分・学校・日本のことを伝えよう …………82
■6年
26. 算数　琵琶湖の面積を求めよう …………………………83
27. つくばスタイル　森林火災の対策に AI を利用しよう …………84
28. つくばスタイル　マインクラフトで未来の家を創造しよう …………85
29. つくばスタイル　プログラミングで地球を救おう …………86
■7年
30. 理科　地球の秘密を探ってみよう …………………………87
31. つくばスタイル　AR でみどりの学園の紹介をしよう …………88
32. 英語　自分のお気に入りを紹介しよう …………………89
■8年
33. 音楽　みどりの学園の PR ソングをつくろう …………90
34. 家庭科　お弁当は手作り派？ コンビニ派？ …………91
■9年
35. 数学　図形の性質を使って難解問題に挑戦 …………92
36. 科学部　環境シミュレーションで地球を守ろう …………93
■支援
37. 自立活動　ねえ,聞いて。ぼくのこと・わたしのこと自己紹介のプログラミング …94
38. 数学　1次関数のグラフの傾きと魔法使いの風船割り …………95